故事成

KB034843

故事成語

故事成語

故事成語

짧막한 이야기 속에 압축된 선현들의 지혜

고사성어
故事成語

故事成語

고사성어

현대 문명 속에 살아가는 우리가 옛 사람들의 지혜와 해학, 그리고 풍자와 일화(逸話)를 되새겨 교훈으로 삼고 활용하는 데 있어 고사성어(故事成語)는 그 역할이 대단히 큽니다.

옛적부터 전해 내려오는 흥미로운 일들, 또는 그것을 표현한 어구(語句)들인 고사성어는 시대가 아무리 바뀌어도 우리의 일상생활과 밀접히 연결되어 있으며, 한글을 사용하는 우리가 싫든 좋든 중국의 한자 문명을 받아들여 살아가고 있기 때문에 한자로 이루어진 고사성어를 이해하지 않고는 그 문화를 소화할 수가 없는 것입니다.

따라서 고사성어를 복잡하고 다양한 현대 생활 속에 접목시켜 활용하기 위해서는 고사(故事)와 성어(成語)에 대한 올바른 이해가 필요합니다.

중국 고전에는 실제의 역사적 일화를 가진 고사들이 너무나 많은데 그들의 슬기와 지혜가 지금까지 전해져 내려오는 것입니다. 성어는 옛 사람들이나 현대인들이 만든 말인데 그 합

성 과정에는 시대적 문화적 배경이 다양하게 깔려 있습니다.
이 책에서는 우리 주변에 무수히 많은 고사성어들 중에서 일
상생활에 자주 쓰이고, 또 교훈으로 삼아 지혜로운 언어 생활
을 하는 데 꼭 필요한 것들만을 엄선하여, 찾아 보는 데 편리
하도록 가나다 순으로 엮었습니다. 그리고 이해하는 데 도움
이 필요하거나, 역사적인 배경이 있는 고사성어는 추가적인
해설을 보충하였으며, 지루하고 딱딱할 수밖에 없는 한자의
속성을 부드럽게 하고 내용의 이해를 돕기 위해 재미있는 삽
화들을 그려 넣었습니다.
아무쪼록 이 책이 학생들에게는 학습에 참고가 되고, 일반인
들에게는 생활의 지혜가 되는 데 일조하기를 바라는 마음입
니다.

엮 은 이 허웅

故事成語

가가대소
呵呵大笑   소리를 크게 내어 웃음.

가가호호
家家戶戶   각 집과 각 호. 집집마다.

가담항설
街談巷說   길거리나 민중들 사이에 떠도는 소문.

가렴주구
苛斂誅求   가혹하게 세금을 징수하며,
무리하게 재물을 빼앗음.

가롱성진
假弄成眞   처음에 농으로 한 말이
나중에 진실로 한 것같이 됨.

가부좌
跏趺坐   책상다리를 하고 앉음.

가부지친
葭莩之親   촌수가 먼 친척(親戚).

家貧思賢妻 가 빈 사 현 처 집안이 가난해지면
어진 아내 생각을 한다는 뜻.

可以東可以西 가 이 동 가 이 서 이렇게 할 만도 하고
저렇게 할 만도 함.

佳人薄命

아름다울 가　사람 인　엷을 박　목숨 명

용모가 너무 아름다우면 생명이 짧고 기구함.
소식(蘇軾)이란 사람이 항주(杭州), 양주(楊洲) 등의 지방 장관
으로 있을 때, 우연히 절에서 나이 80이 넘었다는 아주 곱게
생긴 여승(女僧)의 모습을 보고는 그녀의 아름다웠을 젊은 시
절을 생각해 보며 미인의 운수가 기박한 것 같다고 읊은 박
명가인(薄命佳人)이란 시에서 나온 말이다.

　현재는 뛰어난 용모와 재주를 지니고 있어서 능히 남들의
부러움을 살 만한 처지의 여자가 그 장점에도 불구하고 오히
려 보통 사람들보다도 기구한 운명을 걷게 되는 경우를 가리
켜 말한다. 미인박명(美人薄命)

가 정 맹 어 호
苛政猛於虎
가혹한 정치는 호랑이보다도
더 무서운 해악을 끼친다는 말.

가 화 만 사 성
家和萬事成
가정이 화목하면 모든 일이
잘 이루어진다는 말.

각 곡 유 목
刻鵠類鶩
따오기를 그리려다 이루지 못하고
집오리와 비슷하게 그린다는 말.

각 골 난 망
刻骨難忘
남에게 입은 은혜가 뼈에 새기어
잊혀지지 않는다는 말.

각 골 명 심
刻骨銘心
뼈에 새기고 마음에 새겨두다. 잊을 수
없을 만큼 뼛속 깊이 마음에 새겨둔다는 뜻.

각 골 통 한
刻骨痛恨
뼈에 사무쳐 마음속 깊이 맺힌 원한.

각 자 도 생
各自圖生
제각기 살아갈 방법을 도모한다는 뜻.

각 자 무 치
角者無齒
뿔이 있는 자는 이가 없다는 뜻으로,
한 사람이 모든 복을 다 갖지 못함을 이름.

刻 舟 求 劍

새길 각　　배 주　　구할 구　　칼 검

칼이 물에 빠지자, 배가 움직일 것은 생각지 못하고 뱃전에 칼자국을 표시해 두었다가 칼자국을 기준으로 뱃전 부근에서 칼을 찾으려 한다는 뜻으로, 사람이 미련해서 융통성이 없음을 비유하고 있다.

　초나라 사람이 칼을 껴안고 배를 타고 양자강을 건너고 있었다. 그런데 옆의 사람들이 나누는 재미있는 이야기에 깜박 정신을 팔다가 배가 강 복판에 이르렀을 때 그만 껴안고 있던 칼을 물에 빠뜨리고 말았다.
　"아, 큰일났네!"
　그가 외치며 뱃전에서 몸을 일으켰으나 칼은 이미 물 속으로 가라앉았다. 당황한 사나이는 주머니칼을 꺼내 칼이 떨어진 방향으로 뱃전에 자국을 내어 표시하고는 안심이 되었다는 듯이 말했다.

"내 칼이 여기에서 떨어졌지만 표시를 해놓았으니까 이제 안심이다."

잠시 후 배가 육지에 닿자 사나이는 곧 표시해 놓은 뱃전 아래 물 속으로 뛰어들어 칼을 찾아보았다. 그러나 배는 이미 사나이가 칼을 떨어뜨린 곳에서 멀리 이동해 왔으므로 칼이 그 곳에 있을 리 없었다.

사람들은 "배에 표시를 해서 칼을 찾으려 한다(刻舟求劍)"며 그의 어리석음을 비웃었다.

간 담 상 조
肝膽相照
간과 쓸개를 모두 드러내 보인다는 뜻으로 서로 마음을 터놓고 격의 없이 친하게 사귐을 일컫는 말이다. 궂은 일이 없을 때에는 그 사람의 신의를 가늠하기가 쉽지 않다. 평소 서로의 쓸개와 간을 드러내 보일 정도로 터놓고 이야기하며 언제까지나 우의를 지키자고 약속하지만, 친구가 어려운 처지에 있을 때 모른 척하는 사람이 많다.

간 성 난 색
姦聲亂色
간사한 소리는 귀를 어지럽게 하고 좋지 못한 색(色)은 눈을 어지럽게 한다.

간 성 지 재
干城之材
세상에 드문 인재. 방패와 성 같은 구실을 할 인물.

간 운 보 월
看雲步月
객지에서 집 생각을 하고 달밤에 멀리 구름을 바라보며 거닐다.

갈 력 진 능
竭力盡能
체력과 능력을 다함.

갈 불 음 도 천 수
渴不飲盜泉水
목이 말라도 샘물을 훔쳐 마시지 않음.

아무리 어려움을 당해도 의롭지 않은
일을 하지 않는다는 뜻.

갈 이 천 정
渴而穿井
목이 말라서야 우물을 판다는 뜻. 일을 미리
준비해 두지 않고 임박하여 급히 하면 이미
때가 늦는다는 말.

감 개 무 량
感慨無量
사물에 대한 느끼는 회포가 한량없이 깊고
크다는 말.

감 구 지 회
感舊之懷
지난 일을 생각하는 마음.

감 불 생 심
敢不生心
감히 생각도 못함.

감 언 이 설
甘言利說
남의 비위에 들도록 꾸민 달콤한 말과 이로
운 조건을 내세워 꾀는 말.

개두환면

改頭換面   일의 근본을 고치지 아니하고 사람만 바꿔서
그대로 시킴.

개세지재

蓋世之才   세상을 놀라게 할 만큼 뛰어난 재주를 말함.

객 지 면 식

客地眠食   객지에서 자고 먹는 일. 즉 객지생활을 하는
상태.

객 창 한 등

客窓寒燈   나그네의 외로운 숙소에 비치는 차고 쓸쓸한
등불을 말함. 외로운 나그네 신세를 일컬음.

改 過 遷 善

고칠 개 허물 과 옮길 천 착할 선

지나간 허물을 뉘우치고 새롭게 착한 사람이 된다는 뜻이다.

　진나라 혜제 때 주처(周處)의 아버지 주방(周紡)은 동오(東吳)와 파양(坡陽)의 태수를 지냈는데 불행히도 주처가 어릴 때 세상을 떠났다. 주처는 아버지의 가르침과 보살핌을 잃은 뒤부터 점점 나쁜 길로 빠져 방탕한 생활로 세월을 보냈다.

　주처는 남달리 몸이 강인하고 힘도 보통 사람들은 대적하지 못할 정도여서 걸핏하면 사람을 두들겨 팼기 때문에 마을 사람들은 그를 두려워하지 않는 사람이 없었다. 그러나 철이 들어감에 따라 자신의 과오를 뉘우치고 지난 허물을 과감히 고쳐서 새로운 사람이 되겠다는 굳은 결심을 하였다.

그래서 마을 사람들에게 이렇게 말했다.

"지금 세상이 태평하여 모두들 아무런 걱정이 없이 사는데, 왜 여러분들은 나만 보면 얼굴을 찡그리십니까?"

이 말에 어느 대담한 마을 사람이 대답했다.

"세 가지 해악을 제거하지 못했는데 어찌 태평하다고 할 수가 있겠오?"

"세 가지 해악이라뇨?" 주처는 이상히 여겨서 물었다.

"남산에 있는 사나운 호랑이, 장교(長橋)에 있는 교룡(蛟龍), 그리고 주처 자네를 합하여 세 가지 해악이라 하는 걸세."

주처는 그 사람의 말을 듣고는 정말로 올바른 사람이 되어야겠다는 결심을 하게 되었다. 이때부터 주처는 큰 뜻을 세우고 학문을 익혀 마침내 유명한 대학자가 되었다.

거 거 익 심
去去益甚 가면 갈수록 더욱 심함.

거 두 절 미
去頭截尾 머리와 꼬리는 버린다는 말. 원인과 결과는 말
하지 않고 그 주된 일의 요점만 말한다는 뜻.

거 문 불 납
拒門不納 거절하여 문에 들이지 않음.

거 안 사 위
居安思危 편안하게 살면서도 항상 위험한 때를 대비
함.

거 재 두 량
車載斗量 물건을 수레에 싣고 말로 된다는 뜻으로 아
주 흔함을 이르는 말.

거 족 일 치
擧族一致 온 겨레가 한 마음 한 뜻이 됨.

거 허 박 영
據虛博影 어찌할 수 없는 것. 속수무책(束手無策).

건 곤일척

乾 坤 一 擲

하늘 건   땅 곤   한 일   던질 척

하늘과 땅을 향해 한번에 내던진다는 뜻으로 천하를 잃느냐
얻느냐, 또는 죽느냐 사느냐, 성공이냐 실패냐 등 사생 결단
하는 최후의 한판 승부를 일컫는다.

당(唐) 나라 때 문장으로 첫손을 꼽는 한유(韓愈)의 칠언절
구에 과홍구(過鴻溝)라는 제목의 다음과 같은 시가 있다.

龍疲虎困割川原 _{용 피 호 곤 할 천 원}
용은 지치고 호랑이는 피곤하여 강과 들을 나누니

億萬蒼生性命存 _{억 만 창 생 성 명 존}
모든 백성들이 목숨을 보존하였네

誰勸君王回馬首 _{수 권 군 왕 회 마 수}
누군가가 왕에게 말머리를 돌리길 권하니

眞成一擲賭乾坤 _{진 성 일 척 도 건 곤}
진실로 천하를 건 한판의 승부를 걸었노라

乞人憐天 _{걸 인 연 천}
집없는 거지가 하늘을 불쌍히 여긴다는 말.

乞骸骨 _{걸 해 골}
자기의 한 몸은 군주에게 바친 것인데 그 해골은 자기에게 돌려주기를 바란다는 뜻으로, 늙은 신하가 사직을 원하는 것을 말함.

게 부 입 연
揭斧入淵 도끼를 들고 물에 들어가는 것을 말하는데, 즉 물건을 사용하되 전연 쓸데없고 상관없는 것을 가지고 왔다는 말.

격 세 지 감
隔世之感 다른 세대와 같이 몹시 달라진 느낌.

격 화 소 양
隔靴搔癢 신을 신고 가려운 데를 긁는다는 뜻. 마음으로는 애써 하려하나 아무리 하여도 실제 효과는 얻지 못한다는 뜻.

견 강 부 회
牽强附會 말을 억지로 만들어 붙여서 조건이나 이치에 맞도록 한다는 말.

견 리 사 의
見利思義 눈앞에 이익이 있을 때 의리를 생각함.

견 마 지 로
犬馬之勞 임금이 나라에 충성을 다하는 노력.

견 마 지 양
犬馬之養 단지 부모를 부양할 뿐 공경하는 마음이 없음을 이름.

견 마 지 충
犬馬之忠 개나 말처럼 제 몸을 아끼지 않고 바치는 충성.

犬馬之齒
<small>견 마 지 치</small>

개나 말처럼 보람없이 헛되게 먹은 나이라는 뜻으로 자기 나이를 낮추어 일컫는 말.

見聞覺知
<small>견 문 각 지</small>

보고 듣고 깨달아서 알다.

見蚊拔劍
<small>견 문 발 검</small>

하찮은 일에 지나치게 성을 내어 덤빔을 비유한 말로 원래의 뜻은 모기를 보고 칼을 뺀다는 뜻.

見物生心
<small>견 물 생 심</small>

물건을 보면 욕심이 생김.

見事生風
<small>견 사 생 풍</small>

어떤 일을 당하면 일을 재빨리 처리한다는 말.

見善如不及
<small>견 선 여 불 급</small>

힘써 착한 일을 해야 한다는 말.

犬齧枯骨
<small>견 설 고 골</small>

개가 마른 뼈를 핥는다 함이니 아무 맛이 없다는 뜻.

見我舌
<small>견 아 설</small>

혀는 자기 생각을 표현하는 데 필요할 뿐 아니라 상대를 위협하고 또는 추켜세워서 등용토록 하며, 책략에 걸리게 해서 자기 마음대

로 할 수 있는 무기라는 뜻.

견우미견양
見牛未見羊　소는 보고 양은 보지 못함.

견위수명
見危授命　나라가 위태로워지는 경우를 보고 자기 목숨
을 나라에 바치는 것을 말함.

견이불식
見而不食　보고도 먹지 못함. 그림의 떡.

결사반대
決死反對　죽음을 각오하고 반대함.

결자해지
結者解之　맺은 자가 풀어야 한다는 뜻. 자기가 저지른
일은 자기가 해결해야 한다는 말.

겸구고장
箝口枯腸　궁지에 몰려 생각과 말이 막혀 대답을 못함.

겸인지용
兼人之勇　능히 몇 사람을 당해 낼 만한 용기.

겸양지덕
謙讓之德　겸손한 태도로 남에게 사양하는 덕을 말함.

경거망동
輕擧妄動　경솔하고 분수없이 행동함.

結 草 報 恩

맺을 결   풀 초   갚을 보   은혜 은

풀을 엮어서 은혜를 갚는다. 즉, 죽어서도 은혜를 잊지 않고
갚는다는 말이다.

춘추시대 진(晉) 나라에 위무자(魏武子)라는 사람이 있었다.
그에게는 첩이 있었으나 그 사이에 자식은 두지 않았다. 그래
서 위무자는 병이 들자 아들인 과(顆)를 불러 말했다.

"반드시 다른 곳으로 시집보내도록 하여라."

그러나 병이 악화되자 이번에는 이렇게 말했다.

"죽여서 함께 묻어 달라."

아버지가 돌아가시자 위과(魏顆)는 그녀를 다른 곳으로 시집보내면서 말했다.

"병세가 심해지게 되면 머리가 혼란을 일르키게 마련입니다. 나는 병세가 악화되기 전의 아버님 말씀에 따르는 것입니다."

그 후 선공(宣公) 15년에 진(秦)의 환공(桓公)이 전쟁을 일으켜 군사를 보씨(輔氏)에 주둔시켰다. 이 보씨의 싸움에서 위과는 진(秦)의 이름난 장수 두회를 사로잡았다. 한 노인이 두회의 발 앞에 있는 풀을 묶어 걸려 넘어지게 해서 잡을 수 있었던 것이다.

그날 밤 위과의 꿈속에 노인이 나타나서 말했다.

"나는 그대가 시집보내준 여인의 아비 되는 사람이오. 그대가 선친의 바른 유언에 따랐기 때문에 내가 은혜를 갚은 것이네."

경 국 제 세
經國濟世 나라를 다스리고 세상을 구함.

경 국 지 재
經國之才 나라를 다스릴 만한 재주를 가진 사람.

경 산 조 수
耕山釣水 산에서 밭을 갈고 물에서 고기를 낚음. 속세
를 떠나 산중에서 농사짓고 물가에서 고기를
낚으며 사는 것을 말함.

경 이 원 지
敬而遠之 겉으로는 공경하는 척하나 내심으로는 싫거
나 두려워 멀리한다는 말.

경 적 필 패
輕敵必敗 적을 우습게 보고 업신여길 때에는 반드시
패한다는 말.

경 전 하 사
鯨戰蝦死 고래싸움에 새우 등 터진다는 뜻. 남의 싸움
에 관계없는 사람이 해를 입음.

경 천 근 민
敬天勤民 하느님을 공경하고 백성을 다스리기에 열심
이라는 말.

경 천 동 지
驚天動地 하늘이 놀라고 땅이 흔들릴 정도로 세상을

몹시 놀라게 함.

경 천 위 지
經天緯地 하늘을 다스리고 땅을 다스림. 천하를 경륜
하여 다스린다는 뜻.

나라 안에 으뜸가는 미인. 한 나라를 위태롭게 할 정도의 미인이라는 뜻으로 아름다운 여자를 이르는 말이다.

한무제(漢武帝)를 모시고 있는 이연년(李延年)이라는 자가 있었다. 음악적 재능이 풍부하고 노래와 춤으로 사람들을 감동시켰으므로 무제의 총애를 받고 있었다. 그는 황제 앞에서 춤을 추며 노래했다.

북방에 가인(佳人) 있어

절세로 단 한 사람뿐

일고(一顧)하면 성(城)을 기울게 하고

재고(再顧)하면 나라를 기울게 했다.

어찌 경성(傾城) 경국(傾國)을 모르리요마는

가인은 두 번 다시 얻기 어려우나니.

무제는 노래를 듣고 나서 한숨을 내쉬며 말했다.

"아아, 세상에 그런 여인이 정말 있을까?"

무제의 누이인 평양 공주(平陽公主)가 귀엣말로 속삭였다.

"연년에게는 누이동생이 있거든요."

무제는 곧 연년의 누이동생을 불러들였다. 그녀는 더없이 예뻤고 춤도 능숙했다. 무제는 곧 그녀에게 마음이 사로잡히고 말았다. 그녀가 병이 들어 죽자 무제는 눈물과 한숨으로 지냈다고 한다. 여인에게 빠져서 나라가 망해도 모를 정도의 미인이라는 뜻이다.

계 구 우 후
鷄口牛後
닭의 부리가 될지언정 소의 꼬리는 되지 말
라는 뜻. 작은 일의 책임자가 될지언정 큰 사
람 밑에서 지배를 받기는 싫다는 뜻.

계 란 유 골
鷄卵有骨
달걀에도 뼈가 있다는 말. 모처럼 얻은 좋은
기회가 뜻밖의 일로 인해 허사가 된다는 뜻.

계 륵
鷄肋
닭의 갈비는 먹을 만한 살은 없지만 그냥 버
리기에는 아깝다. 큰 소용은 없으나 버리기
에는 아까운 사물을 일컫는 말.

조조(曹操)와 유비(劉備)가 한중(漢中) 땅을
차지하기 위해 싸움을 벌이게 되었다. 유비
는 익주(益州)를 근거지로 요소요소에 군사
들을 배치하여 한중을 평정하고 있었다.

그러나 조조는 사전에 준비가 없었기 때문에 전투를 하는 데 많은 어려움이 따랐다. 보급이 충분하지 못하여 유비의 군대를 공격할 수도 없었고, 그대로 지키고 있기도 어려운 형편이었다.

조조가 결정을 내리지 못하자 부하들은 명령을 내려 달라고 조조에게 찾아왔다. 이때 조조는 닭갈비를 뜯고 있다가 혼자 "계륵 계륵" 하더니 아무 말이 없었다.

부하들은 아무도 조조의 말뜻을 몰랐다. 오직 양수(楊修)만이, "닭갈비는 먹을 만한 살점은 별로 없지만 버리기에는 아까운 것이다. 결국 한중을 포기하기는 아깝지만 그렇다고 중요하게 생각하시는 것 같지는 않다. 아마 철수를 결정하실 것이다"라고 조조의 생각을 미리 짐작하였다.

다음날 조조는 양수의 말대로 한중에서 군대를 철수시켰다.

고 굉 지 신
股肱之臣 다리와 팔뚝에 비길 만한 신하라는 뜻으로, 임금이 가장 가까이 하며 신임하는 중신(重臣)을 일컫는 말이다.

고 군 분 투
孤軍奮鬪 외로운 군력으로 대적과 싸우다. 홀로 여럿
을 상대로 싸운다는 말.

고 금 동 서
古今東西 옛날, 지금, 동양과 서양, 때와 지역을 통틀
어 일컫는 말.

고 대 광 실
高臺廣室 높은 대에 있는 넓은 집. 굉장히 크고 좋은
집을 말함.

고 두 사 죄
叩頭謝罪 머리를 조아리고 사죄함.

고 량 자 제
膏粱子弟 부귀한 집에서 자라나 고생을 모르는 사람이
란 뜻.

고 립 무 의
孤立無依 외롭고 의지할 데 없음.

鷄 鳴 狗 盜

닭 계   울 명   개 구   훔칠 도

닭의 울음소리를 잘 내고 개의 흉내를 잘 내서 좀도둑질을
잘한다는 뜻으로 한 가지 기술에 능한 비천한 사람을 말한다.
또는 천한 재주나 기능도 훌륭하게 쓰일 때가 있음을 말한다.

제(齊) 나라의 재상 맹상군(孟嘗君)은 비록 죄를 지은 사람이
라도 남 다른 특이한 재주를 가진 사람이라면 식객(食客)으로
맞아들이니, 그 수가 3천 명을 넘었다. 진(秦) 나라의 소왕(昭
王)은 맹상군의 명성을 듣고 그를 진나라로 초청하였다. 맹상

군이 진나라에 들어가자, 소왕은 그가 다시 제나라로 돌아가지 못하도록 억류하였다. 그래서 맹상군은 소왕의 애첩에게 사람을 보내 도움을 청했다.

그러자 소왕의 애첩은 호백구를 요구했다. 호백구는 여우의 겨드랑이 털로 만든 아주 귀한 털옷인데, 맹상군은 진나라에 들어올 때 이미 소왕에게 이것을 바쳤기 때문에 다시 구할 수가 없었다.

이때 맹상군을 따라간 식객 중의 한 사람이 진나라 대궐에 들어가 개 흉내를 내며 호백구를 훔쳐 와서 소왕의 애첩에게 전해 줄 수 있었다. 호백구를 받은 애첩이 소왕에게 그를 풀어줄 것을 애원하자 소왕은 맹상군을 제나라로 돌아가도록 허락했다. 맹상군은 곧 말을 달려 한 밤중에 국경 근처인 함곡관(涵谷關)에 이르렀다.

얼마 후 맹상군을 풀어준 것을 후회한 소왕이 군사를 보내 맹상군을 잡아오도록 하였다. 맹상군이 급히 관문을 빠져나가려고 했으나 그곳의 법에 관문은 첫닭이 울기 전에는 열 수가 없었다.

이때 식객 중의 한 사람이 닭의 울음소리를 내자 모든 닭들이 따라 울었다. 이에 관문이 열리고 맹상군은 무사히 제나라로 돌아갈 수 있었다. 일행이 탈출한 직후 추격대가 관문에 도착했으나 이미 떠나간 뒤였다.

고 망 착 호
藁網捉虎
새끼줄로 호랑이를 잡는다는 말. 어리석은 계책과 보잘것없는 것으로 뜻밖의 큰 일을 이룸을 뜻함.

고 운 야 학
孤雲野鶴
벼슬을 하지 않고 속세를 떠나 숨어사는 선비.

고 육 지 계
苦肉之計
제 몸을 괴롭히는 것도 돌보지 않고 쓰는 계책.

고 장 난 명
孤掌難鳴
일을 혼자서는 하기 어렵다는 말. 또는 서로 같으니까 싸움이나 다툼이 된다는 뜻.

고 중 작 락
苦中作樂
괴로움 속에도 즐거움이 있다.

고 진 감 래
苦盡甘來
고생 끝에 즐거움이 옴.

고 침 단 금
孤枕單衾
혼자 쓸쓸히 잠을 자는 여자의 이부자리라는 말.

고복격양

鼓 腹 擊 壤

북고   배복   칠격   흙양

배를 두드리며 박자를 맞추면서 격양놀이를 한다는 뜻으로, 백성들이 그처럼 태평할 만큼 평화스럽다는 뜻이다. 격양놀이란 옛날 중국에서 하던 놀이의 한 가지. 중국 당요(當堯) 때 늙은 농부가 태평한 세월을 즐거워하며 부른 격양가라고 하는 노래가 있다.

고전으로 배우는 지혜 **고사성어**

해가 뜨면 일하고 해가 지면 잠자고
우물 파서 물 마시고 밭을 갈아 먹나니
임금의 덕 따위야 무엇하리요

요(堯) 임금은 이 노래를 듣고 "이제는 마음이 놓이는구나. 백성들이 아무런 불만 없이 배를 두드리며 격양놀이 등으로 자기들의 생활을 즐기고 있으니, 이것이야말로 정치가 잘되어 가고 있다는 증거가 아닌 가" 하며 기뻐했다는 것이다.

古稀

70세를 고희라고 한다.

두보(杜甫)의 곡강이수(曲江二首)라는 시에
고희(古稀)라는 말이 나온다.

人生七十古來稀
인 생 칠 십 고 래 희

인생 칠십은 예로부터 드문 나이다

고희라는 말은 이 시에서 유래된 것이다. 예
로부터 드물다(稀)는 뜻에서 보기 드문 나이
에 도달함을 축하하는 의미로 사용하게 되
었다.

曲學阿世
곡 학 아 세

평소에 자신의 신조나 소신, 철학 등을 굽혀
정도에 벗어난 학문으로 시세에 아첨함을 말
한다.

원고생(轅固生)은 전한(前漢) 경제(景帝) 때
의 학자였는데, 무제(武帝) 때에도 다시 부름
을 받게 되었다. 그러나 엉터리 학자들이 어
떻게든 황제의 뜻을 되돌리려고 원고생의 험
담을 늘어놓았다. 하지만 무제는 그 중상모
략을 물리치고 원고생을 등용하였다. 원고생
과 함께 공손홍(公孫弘)이라는 소장 학자도
부름을 받았다. 공손홍은 원고생을 늙어빠진

영감이라고 무시하며 대했으나 원고생은 전혀 개의치 않고 이렇게 말했다.

武正學以言 ^{무정학이언} 배운 것을 올바로 말하기를 힘쓰고

無曲學以阿世 ^{무곡학이아세} 배운 것을 굽혀 세상에 아부하는 일이 없도록 하게

이 말을 들은 공손홍은 절조를 굽히지 않는 원고생의 훌륭한 인격과 풍부한 학식에 감동되어 크게 뉘우치고 그의 제자가 되었다.

骨肉相殘 ^{골육상잔} 가족이나 친척끼리 서로 싸운다는 말.

共同宣言 ^{공동선언} 두 사람 또는 두 나라 이상이 공동으로 발표하는 선언.

空山明月 ^{공산명월} 산 위에 외로이 비추이는 밝은 달.

空手來空手去 ^{공수래공수거} 빈 손으로 왔다가 빈 손으로 간다는 말. 사람이 세상에 태어났다가 허망하게 죽는 것을 일컬음.

공 중 누 각
空中樓閣
공중에 떠 있는 누각이라는 뜻으로 근거나 현실성이 없는 일이나 근본 이 없는 가공의 사물. 비슷한 뜻으로 사상 누각(砂上樓閣)이 라는 말이 쓰이기도 하는데, 역시 겉모양은 번드르르하지만 기초가 약하여 오래 가지 못 하거나 실현 불가능한 일 등에 빗대어 사용 한다.

과 문 불 입
過聞不入
아는 사람의 집 문 앞을 지나면서 방문하지 않음.

과 여 불 급
過如不及
지나친 것은 미치지 못한 것과 같음.

과 유 불 급
過猶不及
모든 사물이 정도를 지나치면 도리어 안한 것만 못함.

과 전 이 하
瓜田李下
혐의를 받기 쉬운 일에는 가까이 하지 말라 는 뜻.
중국 당나라 때 뛰어난 문필가 중의 한 사람 인 유공권의 시구의 원문은 다음과 같다.

과 전 불 납 리
瓜田不納履 참외밭을 지날 때는 신을 고쳐 신지 말고

이 하 부 정 관
李下不整冠 오얏나무 밑을 지날 때는 갓을 고쳐 쓰지
말지어다
즉 남에게 의심 살 만한 일은 아예 하지 말라
는 뜻이다.

관 과 지 인
觀過知仁 사람의 과실은 군자와 소인에 따라 판이한
바 군자의 과오는 관대, 후(厚)한 것이고 소
인의 과오는 잔인, 냉혹한 것이므로 어진 사
람과 악한 사람은 구별이 된다는 뜻.

관 혼 상 제
冠婚喪祭 관례(冠禮), 혼례(婚禮), 상례(喪禮), 제례(祭
禮)의 총칭.

관포지교

管 鮑 之 交

대롱 관 절인 고기 포 갈 지 사귈 교

옛날 중국의 관중(管仲)과 포숙(鮑叔)의 우정처럼 서로 믿고 이해하는 친밀하고 두터운 우정이나 허물없는 교제를 이르는 말.

관중과 포숙은 죽마고우였다. 처음에 둘이서 장사를 하여 이익을 나누는데 언제나 관중이 많은 몫을 차지했다. 그러나 포숙은 그를 탐욕스럽다고 여기지 않았다. 관중의 집안이 가난한 것을 알았기 때문이다.

관중이 포숙을 위해서 일을 할 때에도 여러 번 실패를 거듭했지만, 포숙은 관중을 어리석다고 여기지 않았다. 사람은 일을 잘 할 때도 있지만 실수를 할 때도 있다는 것을 알고 있기 때문이었다.

관중이 세 번 벼슬에 올랐으나 세 번 모두 임금에게 쫓겨났지만 포숙은 관중을 무능하다고 여기지 않았다. 그가 아직 때를 만나지 못한 것이라고 생각했기 때문이다. 관중이 세 번 전쟁터에 나아가 세 번 모두 도망쳐 왔을 때에도 포숙은 그를 겁쟁이라고 생각지 않았다. 관중에게는 노모가 계신 것을 알고 있기 때문이다.

그 후 제(齊) 나라에 내란이 일어나 관중이 모시고 있던 규(糾)와 포숙이 모시고 있던 소백(小白)이 왕권을 놓고 다투게 되었다. 이 싸움에서 포숙이 모시던 소백이 승리하였으니 그가 바로 유명한 제나라 환공(桓公)이다.

환공은 왕위에 오른 후 규(糾)를 죽이고, 관중의 목을 베려 하였다. 그러나 포숙의 설득으로 그를 용서해 주고 재상에 임명하였다.

그 후 관중은 환공을 도와 천하를 제패하였다. 포숙의 관중에 대한 이해와 우정이 제나라를 부국강병한 국가로 만들어 천하에 이름을 알릴 수 있게 하였던 것이다.

관중은 "나를 낳아 준 분은 부모님이지만, 나를 알아준 사람은 포숙이다"라고 했다.

세상 사람들은 관중의 현명함을 칭찬하기보다는 오히려 포숙의 사람됨을 정확하게 알아보는 능력을 더 칭찬하였다고 한다.

刮目相對 괄목상대

한 동안 못 보는 사이에 상대가 깜짝 놀랄 정도로 학문이 발전하는 경우가 있는데, 다시 만날 때는 눈을 비비고 상대를 다시 보아야 할 정도로 학문이 늘었다는 말이다.

오(吳) 나라 손권(孫權)의 부하로 여몽(呂蒙)이라는 장수가 있었다. 매우 무식한 사람이었으나 전쟁에 나가 많은 공을 세워 마침내 장군이 되었다. 어느 날 손권이 그에게 공부를 하도록 충고했다. 얼마 후 손권의 부하 중 가장 학식이 뛰어난 노숙이 여몽을 찾아갔다. 노숙은 이야기하는 사이에 여몽의 박식함에 깜짝 놀라고 말았다.

"언제 그렇게 공부했는가? 이제는 학식이 정말로 대단하니 옛날의 여몽이 아니군."

그러자 여몽은 이렇게 대꾸했다.

"선비는 헤어진 지 사흘이 지나면 눈을 비비고 다시 대할 정도로 학문이 달라져 있어야 하는 법일세."

狂言妄說 광언망설

이치에 어긋난 말. 광담패설.

광음여류
光陰如流 세월이 흐르는 물과 같이 빠름.

광제창생
廣濟蒼生 널리 백성을 구제함.

괴뢰정부
傀儡政府 남의 나라의 조정을 받으며 아무런 실권이
없는 허수아비 정부.

교권남용
敎權濫用 스승으로서의 권위를 함부로 씀.

구강지획
口講指畫 말로 설명하고 손으로 그려가면서 자세하게
가르쳐 줌.

究竟不淨 구경부정
사람이 죽어 그 육신이 땅에 묻히면 흙이 되고 벌레가 먹으면 똥이 되고 불에 타면 재가 되는 등 신체의 종말이 깨끗하지가 못하다는 불교에서 나온 말.

九曲肝腸 구곡간장
굽이굽이 깊은 마음 속.

救國干城 구국간성
나라를 지키는 방패와 성이라는 뜻. 국토 방위의 군인을 가리킴.

裘勞之感 구로지감
자기를 낳아 기르느라고 애쓴 부모의 은덕을 생각하는 마음.

狡 兔 死 良 狗 烹

교활할 교 토끼 토 죽을 사 어질 양 개 구 삶을 팽

날쌘 토끼를 잡고 나면 충실한 사냥개도 쓸모가 없어져 잡아
먹게 된다는 뜻으로, 쓸모가 없어지자 언제 그랬냐는 듯 없애
버림을 가리킨다. 토사구팽(兔死狗烹)이라고도 함.

한(漢) 나라 유방(劉邦)과 초(楚) 나라 항우(項羽)와의 싸움에
서 유방이 승리하는 데 큰 공을 세운 사람이 한신(韓信)이다.
천하를 통일한 유방은 한신을 초왕(楚王)으로 봉했지만 언젠
가는 자신에게 도전할 것을 염려하였다. 이때 항우의 부하였
던 종리매(鐘離昧)라는 장수가 옛친구인 한신에게 몸을 의탁
하고 있다는 보고가 들어왔다. 유방은 종리매를 체포하라고

명령을 내렸지만, 한신은 차마 옛친구를 배반할 수 없어 그 명령을 따르지 않았다. 도리어 그를 숨겨주고 있었다. 이 사실을 상소한 자가 있었으므로 유방은 진평(陳平)의 책략에 따라 제후들의 군대를 소집했다. 사태가 이렇게 되자 한신은 자신에게 아무런 죄가 없다고 생각하여 자진해서 배알하려고 했다. 그러자 약삭빠른 간신이 한신에게 속삭였다.

"종리매의 목을 가지고 배알하시면 폐하도 기뻐하실 겁니다."

옳다고 생각한 한신은 그 말을 종리매에게 했다. 그러자 종리매는 "유방이 초를 공략하지 못하는 것은 자네 밑에 내가 있기 때문이네. 그런데 자네가 나를 죽여 유방에게 바친다면 자네도 얼마 안 가서 당할 것일세. 자네는 정말로 크게 잘못 생각하고 있군. 내가 자네를 잘못 보았네. 자네는 남의 우두머리가 될 그릇이 아니군. 좋아, 내가 죽어 주지" 하고는 스스로 목을 쳐 자결했다.

한신은 자결한 종리매의 목을 가지고 가서 유방에게 바치지만, 유방은 한신을 포박하게 했다. 그러자 한신은 다음과 같이 말했다.

"날쌘 토끼를 잡고 나면 사냥개도 잡혀 그 주인에게 먹히듯이, 온 힘을 다해 섬긴 내가 이번에는 유방의 손에 죽는구나."

그러나 유방은 한신을 죽이지는 않았다. 그 대신 초왕(楚王)에서 회음후(淮陰侯)로 좌천시켰기 때문에 이후로는 회음후로 불리게 되었다.

苟命徒生 구명도생 구차스럽게 간신히 목숨만 보전함.

九死一生 구사일생 죽을 고비를 여러 차례 겪고 겨우 살아남.

口尙乳臭 구상유취 입에서 아직 젖내가 난다는 뜻. 말과 행동이 유치함을 일컬음.

救世濟民 구세제민 세상을 구하고 백성을 건짐.

鳩首會議 구수회의 머리를 맞대고 회의함.

口若懸河 구약현하 흐르는 물과 같이 거침없이 말을 잘한다는 뜻.

九牛一毛 구우일모 많은 수중의 가장 적은 수. 소 아홉 마리 중에 털 한 개.

九折羊腸 구절양장 아홉 번 굽어진 양의 창자라 함이니, 산길이 꼬불꼬불하고 험한 것을 이름. 또는 세상이 복잡하여 살아가기 어렵다는 뜻.

구 태 의 연
舊態依然 옛 모양 그대로임. 조금도 발전이 없음.

국 궁 진 췌
鞠躬盡瘁 몸이 파리해지도록 안간힘을 씀.

群 鷄 一 鶴

무리군 닭계 한일 학학

닭 무리 가운데 한 마리의 학이라는 뜻으로, 많은 사람 가운데 한 사람의 뛰어난 인물이 섞여 있는 것을 비유한 진서 혜소전에서 유래한 말이다.

혜소는 어릴 때 아버지가 무고한 죄로 죽은 후 어머니를 모시고 살고 있었다. 돌아가신 아버지의 친구이며 칠현(七賢)의 한 사람인 산도(山濤)가 당시 무제(武帝)에게 아뢰었다.

"혜강의 아들이긴 하나 그 영특함이 춘추시대의 극결보다 더

하면 더 했지 못하지는 않습니다. 부디 부르셔서 관직에 오르
게 해주십시오."

황제는 그를 비서승(秘書丞)이란 관직에 등용했다. 소(紹)가
처음으로 낙양에 들어갔을 때 어떤 사람이 칠현의 한 사람인
왕융(王戎)에게 말했다.

"어제 많은 사람들 틈에서 처음으로 혜소를 보았는데, 그 뛰
어난 기상이 학 한 마리가 닭무리 속으로 내려앉은 것 같았
네."

야학여재계군(野鶴如在鷄群).

^{국 태 민 안}
國泰民安 나라가 태평하고 백성이 편안함.

^{군 맹 무 상}
群盲撫象 여러 명의 장님이 제각기 코끼리의 한 부분을
만져보고는 코끼리가 어떻게 생겼다고 말한
다는 뜻. 좁은 소견으로 사물의 판단을 잘못
한다는 말.

^{군 자 삼 락}
君子三樂 군자의 세 가지 즐거움을 말한다. 삼락(三樂).
맹자에 나오는 말이다.

^{군 자 유 삼 락 이 왕 천 하 불 여 재 언}
君子有三樂而王天下不與在焉

^{부 모 구 존 형 제 무 고 일 락 야}
父母俱存兄弟無故一樂也

^{앙 불 괴 어 천 부 부 작 어 인 이 락 야}
仰不愧於天府不炸於人二樂也

得天下英才教育之三樂也
_{득 천 하 영 재 교 육 지 삼 락 야}

> 군자에게는 세 가지 즐거움이 있으나 천하를 다스리는 왕이 되는 것은 이 세 가지 속에 들어 있지 않다.
> 부모가 모두 살아 계시고 형제가 무고한 것이 첫째 즐거움이요,
> 하늘을 우러러 부끄러움이 없고 사람에게 부끄럽지 않음이 둘째 즐거움이요,
> 천하의 영재를 얻어 교육하는 것이 셋째 즐거움이다.

窮餘之策
_{궁 여 지 책}

매우 궁박하여 어려운 끝에 짜낸 한 가지 꾀. 궁여일책.

窮人謀事
_{궁 인 모 사}

운수가 궁한 사람이 꾸미는 일은 모두 실패한다는 뜻. 일이 뜻대로 이루어지지 않음을 가리키는 말.

權不十年
_{권 불 십 년}

아무리 높은 권세라도 십 년을 못 간다는 말.

勸善懲惡
_{권 선 징 악}

착한 행동을 권하고 악한 행동을 징계한다

는 뜻.

貴鵠賤鷄 _{귀 곡 천 계}
따오기를 귀하게 여기고 닭을 천히 여긴다
함이니 세상 사람의 심정이 가까운 데 것을
천하게 여기고 먼 데 것을 귀하게 여긴다 하
여 이르는 말.

鬼神避之 _{귀 신 피 지}
스스로 단행하면 귀신도 이를 피하여 해하지
못함을 이름.

貴耳賤目 _{귀 이 천 목}
가까운 것은 천하게 생각하고 먼 데 것은 귀
하게 생각함.

極力周旋 _{극 력 주 선}
있는 힘을 다하여 주선함.

권토중래

捲土重來

말권 흙토 다시중 올래

한번 실패한 사람이 세력을 회복하여 다시 쳐들어온다는 뜻
이다.

승패병가불가기
勝敗兵家不可期 승패는 병가도 기약할 수 없나니

포수인치시남아
包羞忍恥是男兒 수치와 치욕을 참을 수 있음이 바

로 사나이라

^{강 동 자 제 다 준 재}

江東子弟多俊才 강동의 자제에는 준재가 많았으니

^{권 토 중 래 미 가 지}

捲土重來未可知 흙먼지를 일으키며 다시 왔으면

승패는 알 수 없을 터인데

　이 시는 두목(杜牧)이 항우(項羽)가 죽은 지 천여 년이란 세월이 지난 후 항우의 인품을 그리며 젊은 나이(31세)로 죽은 것을 안타까워하며 읊은 시이다.

　두목의 시에는 '강동에 있는 부모 형제들에 대한 부끄러움을 참고 견디었더라면 우수한 자제가 많은 곳이므로 권토중래했으면 만회할 가능성이 있었을지도 모르지 않는가' 하고 항우를 애석하게 여기는 정이 깃들어 있다.

極盛則敗 극 성 즉 패 왕성함이 지나치면 얼마 가지 못해서 패망함.

勤勤孜孜 근 근 자 자 매우 부지런하고 정성스러움.

近墨者黑 근 묵 자 흑 먹을 가까이 하는 사람은 먹이 묻기 쉽다는 말.

近朱者赤 근 주 자 적 붉은 것을 가까이 하는 사람은 붉게 물들기 쉬움.

金科玉條 금 과 옥 조 금과 옥같이 귀중히 여기어 신봉(信奉)하는 법칙이나 규정.

金蘭之契 금 란 지 계 다정한 친구 사이의 정의(情誼). 다정한 친구 사이의 교제.

錦上添花 금 상 첨 화 비단옷을 입은 데다가 꽃을 더 가진다는 뜻

으로. 좋은 일에 또 좋은 일이 더해진다는 왕
안석(王安石) 시에서 나온 말이다.

^{가 초 욕 복 배 중 록}
嘉招欲覆盃中淥 좋은 잔치에서 잔 속의 술을 비우
려 하는데

^{여 창 잉 첨 금 상 화}
麗唱仍添錦上花 아름다운 노래는 비단 위에 꽃을
더한다

^{금 석 지 언}
金石之言 아주 귀중한 말.

^{금 성 탕 지}
金城湯池 철통 같은 수비진을 말함.

^{금 수 강 산}
錦繡江山 비단에 수놓은 듯이 아름다운 땅.

^{금 슬 지 락}
琴瑟之樂 부부 사이의 화락과 즐거움.

^{금 시 초 문}
今始初聞 이제야 처음 들음.

^{금 운 서 성}
琴韻書聲 거문고 타는 소리와 글 읽는 소리를 말함.

^{금 의 환 향}
錦衣還鄉 타향에 가서 성공하여 훌륭하게 되어 고향에

돌아온다는 말.

金枝玉葉 (금지옥엽) 귀여운 자손. 임금의 자손이나 집안.

急轉直下 (급전직하) 갑자기 형세가 바뀌어 걷잡을 수 없이 막 내리 밀림.

岐路亡羊 (기로망양) 학문이나 일을 함에 있어 방법을 찾아내야지 제멋대로 하다가는 헛수고만 하게 마련이란 말.

麒麟兒 (기린아) 슬기와 재주가 아주 뛰어난 아이를 일컫는 말.

錦 衣 夜 行

비단 금   옷 의   밤 야   갈 행

비단옷을 입고 밤길을 간다는 말로 아무리 출세해도 남이 인
정해 주지 않음을 일컫는다.

항우(項羽)가 함양(咸陽)에 입성한 후 진나라 창고에 쌓인 금
은보화를 거두어 싣고 다시 동으로 향할 때, 누군가 옆에서 함
양이 지리적인 조건이 아주 좋으니 눌러앉아 도읍으로 정하자
고 하였다. 그러나 항우는 고향으로 돌아가 한번 크게 자랑을
하고 싶었던 것이다.

부 귀 불 귀 고 향
富貴不歸故鄕 부귀를 이루고도 고향으로 돌아가지
못하는 것은

여 의 금 야 행
如衣錦夜行 비단 옷을 입고 밤에 다니는 것과 같도다

수 지 지 자
誰知之者 그 누가 알 것인가

기 사 회 생

起死回生 죽음에서 일어나 다시 살아난다는 말. 다 죽게 되었다가 다시 살아난다 는 뜻.

기 상 천 외

奇想天外 상식 밖의 일. 매우 엉뚱한 생각. 대단히 신기하고 이상한 좋은 생각.

기 승 전 결

起承轉結 한시(漢時) 작법에서 구(句)의 배열 방법.

기 왕 불 구

既往不咎 이미 지난 일은 어찌할 도리가 없고 앞으로의 일이나 잘 챙겨야 함 을 이름.

기 왕 지 사

既往之事 이미 지나간 일.

기 인 지 우

杞人之憂 기우(杞憂)라고도 함. 기(杞) 나라 사람의 근심이란 뜻으로 쓸데없는 걱정을 하는 것을 말함.

기나라의 한 사람이 만약 하늘이 무너지고 땅이 꺼진다면 어떻게 할 것인가를 걱정하여 잠도 자지 못하고 밥도 먹질 못했다. 그러자 한 친구가 찾아와 이렇게 말했다.

"하늘은 공기가 쌓인 것 뿐으로 하늘이 무너

진다는 걱정은 할 필요가 없고, 땅도 흙으로
꽉 차 있어 꺼질 염려가 없네."
그러자 비로소 안심하고 기뻐했다고 한다.

기 추 지 첩
箕箒之妾 쓰레받기나 비를 가지고 청소하는 하녀라는
뜻. 남의 처가 된 것을 비하하여 한 말.

기 호 지 세
騎虎之勢 범을 타고 가는데 도중에서 내리면 도리어
범에게 물릴 것이니 내리지 못하는 처지를
뜻함. 이미 시작한 일이라 중도에서 그만둘
수 없는 형세.

길 상 선 사
吉祥善事 매우 기쁘고 좋은 일.

落膽喪魂 낙 담 상 혼 몹시 놀라 정신이 없음.

落落長松 낙 락 장 송 가지가 축축 늘어진 오래 되고 키 큰 소나무.

洛陽紙價貴 낙 양 지 가 귀 책이 호평을 받아 매우 잘 팔림. 진(晉) 나라 좌사(左思)가 10년에 걸쳐 삼도부(三都賦)를 지었을 때, 낙양 사람들이 다투어 그의 글을 베낀 까닭에 종이 값이 올라갔다는 고사에서 나온 말.

삼도(三都)란 삼국시대의 세 도읍, 즉 위나라의 업, 오나라의 건업, 촉나라의 성도를 말한다. 좌사(左思)라는 사람이 좀처럼 뜻하는 벼슬에 오를 수 없자 부(賦)의 형식으로 이 세도읍의 활기찬 모습을 노래로 지어 세상의귀족들을 깜짝 놀라게 해주고자 생각했다. 마침내 삼도지부(三都之賦)가 완성되었는데,

우수한 작품인데다가 유명한 시인이 서문을
썼기 때문에 귀족이나 부자들이 서로 다투어
삼도지부를 베꼈다. 마침내는 도읍지인 낙양
의 종이가 품귀해져 종이 값이 올라가고 말
았다는 것이다.

樂以忘憂 낙 이 망 우 쾌락에 도취되어 근심을 잊음.

落天圖謀 낙 천 도 모 다른 사람이 잘 됐을 때 자기가 힘써 그렇게
된 것이라 하여 그에 대한 사례로 금품을 요
구하는 행동을 말함.

落花流水 낙 화 유 수 떨어지는 꽃과 흐르는 물. 낙화에 정이 있으면
유수 또한 정이 있어 그 것을 띄워서 흐를 것
이란 뜻. 남녀에게는 서로 생각하는 정이 있
다는 말.

難得者兄弟 난 득 자 형 제 형제는 인력으로서 얻어지는 것이 아니므
로 형제는 의가 좋아야 한다는 말.

難兄難弟 난 형 난 제 누구를 형이라 하고 누구를 아우라 하기 어렵
다는 뜻으로, 어느 편이 더 낫다고 말하기가

곤란한 경우에 쓰는 말.

후한(後漢)의 진식(陳寔)은 그의 아들 진기(陳紀), 진심(陳諶)과 함께 삼군(三君)으로 불릴 정도로 부자간의 덕망이 널리 알려져 있었다.

진기의 아들인 진군(陳群)은 위문제(魏文帝) 조비(曹丕) 때 재상을 역임한 재능이 뛰어난 인물이다.

진군이 어릴 때 진심의 아들 진충(陳忠)과 자기 아버지의 공적과 덕행을 자랑하며 논쟁을 벌였다. 두 사촌끼리 서로 자신의 부친이 훌륭하다고 주장을 해서 결말이 나지 않았다. 두 사람은 할아버지 진식에게 가서 판정을 내려 줄 것을 요구했다.

그러자 진식은 두 손자에게 자신의 두 아들에 대해 말하기를, "형인 진기도 형 되기가 어렵고, 아우도 훌륭한 형의 동생이 되기가 어렵다" 고 답하였다.

즉 누가 더 훌륭하고 누가 더 못한지 가릴 수가 없다는 뜻이다.

남 부 여 대
男負女戴 남자는 지고 여자는 이고 감. 곧 가난한 사람

이 이리 저리 떠돌아다니면서 사는 것을 이르는 말.

男寺黨 ^{남 사 당}
이곳 저곳 돌아다니면서 소리나 춤을 팔며 사는 남자.

南船北馬 ^{남 선 북 마}
중국의 남쪽은 강이 많아 배를 많이 이용하고, 북쪽은 산과 사막이 많아 말을 이용한다는 데서 온 말. 사방으로 쉴새 없이 돌아다님을 이르는 말.

男兒一言重千金 ^{남 아 일 언 중 천 금}
남자의 말 한 마디가 천금같이 무겁고 가치가 있다는 뜻. 말의 중요성을 강조한 말.

男欣女悅 ^{남 흔 여 열}
부부가 화평하고 즐거운 것을 말함.

臘前三白 ^{납 전 삼 백}
동지가 지난 셋째 술일(戌日)인 납일 전에 눈이 세 번 오면 다음 해 농사가 풍년이 들 징조라는 뜻.

南 柯 一 夢

남녘 남 가지 가 한 일 꿈 몽

남쪽으로 뻗은 나뭇가지 밑에서 잠깐 동안 꾼 꿈이라는 뜻
으로, 한때의 부귀와 권세는 꿈과 같다고 하여 덧없음을 비
유한 말.

당(唐) 나라 때 순우분이라는 사람은 협객(俠客)으로 유명한
데, 사소한 일에는 신경을 쓰지 않는 호방한 성격이라 끝내는
장군과 충돌한 끝에 낙향하게 되었다.
순우분의 집에는 큰 화나무가 있어 날마다 친구들과 그 그늘

에서 술을 마시며 지냈다.

어느 날 순우분이 술에 만취하여 어렴풋이 잠이 들었는데, 꿈속에서 임금 앞으로 안내되었다. 임금은 매우 반가워하며 그를 부마로 맞이할 뜻을 비쳤다. 이윽고 순우분은 출세를 거듭하여 고위직에 임명되었고 20년 동안 정치를 잘해서 백성들은 그를 하늘처럼 우러러 보았다. 그 사이에 다섯 아들과 두 딸을 얻었는데, 아들들은 다 높은 벼슬에 오르고 딸은 왕가(王家)에 시집을 가서 잘 살았다. 그런데 전쟁터에 나가 크게 패했으나 다시 복구를 잘 하고 아내가 병사하자 그는 벼슬을 사임하고 도성으로 돌아왔다.

도성으로 돌아오자 그의 명망은 높아져 찾아오는 귀족들이 문전성시를 이루었고 나날이 그의 세력이 커졌다. 그러자 이를 시기하여 그가 반역 음모를 꾸미고 있다고 투서를 한 사람이 있었다. 임금은 그를 연금했다가 역모를 꾀한 사실이 없자 고향으로 돌려보냈다.

결국 눈을 뜨고는 모두가 꿈이었음을 깨달았다. 꿈으로 인해 인생의 허무함을 깨닫고는 도를 닦는 데 전념하게 되었다.

囊中之錐 낭 중 지 추
주머니 속에 송곳이 들어 있으면 뾰족하여 밖으로 뚫고 나오는 것처럼 재능이 있는 사람은 언젠가는 그 재능이 나타난다는 말.

囊中取物 낭 중 취 물
손쉽게 얻을 수 있음을 비유한 말. 주머니 속에 있는 것을 꺼낸다는 뜻.

內憂外患 내 우 외 환
내부적인 근심과 외부적인 걱정.

內柔外剛 내 유 외 강
내심은 부드러우나 외모는 강하게 보임.

內助之賢 내 조 지 현
현숙한 아내의 도움을 받는다는 뜻.

怒氣騰騰 노 기 등 등
노기가 얼굴에 가득함.

怒氣衝天 노 기 충 천
노기가 하늘을 찌를 듯이 극도에 달함.

老當益壯 노 당 익 장
늙었어도 더욱 기운이 씩씩함.

路柳墻花 노 류 장 화
누구든지 꺾을 수 있는 길가의 버들과 담 밑의 꽃이라는 뜻으로 창부를 가리키는 말.

노 마 십 가
駑馬十駕 걸음이 느린 말이 열 수레를 끈다는 말. 재주가 없는 사람이라도 열심히 하면 해낼 수 있다는 뜻.

노 마 지 지
老馬之智 사물은 각기 특징이 있음을 이름.

노 발 대 발
怒發大發 몹시 성을 냄.

노 소 동 락
老少同樂 늙은이와 젊은이가 함께 즐김.

노 심 초 사
勞心焦思 마음으로 애를 쓰며 속을 태움.

노 어 해 시
魯魚亥豕 '노' 자와 '어' 자, '해' 자와 '시' 자를 구별 못한다는 말. 글자를 잘못 알거나 잘못 씀을 이르는 말.

노 이 불 사
老而不死 나이가 들어 죽고 싶으나 죽지 아니함.

녹 사 수 수
鹿死誰手 세력이 막강하여 승패를 못 가린다는 뜻. 후조(後趙) 때 자칭 황제가 되어 조나라의 이름을 그대로 사용한 석륵이 말한 부지록사재수

적수상(不知鹿死在誰的手上)이란 말에서 유래된 말이다.

"만일 내가 한고조와 동일한 시대에 태어났다면 그와 맞서 승패를 겨뤄봤을 것이다. 그리고 한광무를 만났다면 반드시 그와도 겨뤄봤을 것이다. 그리하여 중원에서 각축을 벌였었다면 사슴이 누구의 손에 죽었을지 모르는 일이다."

論_논功_공行_행賞_상 공을 따져 상을 줌.

弄_농瓦_와之_지喜_희 딸을 낳았을 때 축하하는 말. 옛날 중국에서 딸을 낳으면 길쌈할 때 쓰는 벽돌을 장난감으로 준 데서 유래된 말.

누 란 지 위
累卵之危
포갤 루　계란 란　갈 지　위험할 위

쌓아올린 계란이란 뜻으로 조금만 건드려도 무너질 것 같은 위험한 상태. 매우 위험한 상태에 처해 있음을 말한다.

중국 사기(史記)에서 유래된 말이다.

"'진나라는 지금 계란을 쌓아 둔 것보다도 더 위험합니다. 나를 얻으면 안전을 도모할 수 있으나 이것을 글로는 전할 수 없습니다' 라고 하기에 신이 데리고 왔습니다."

전국시대 위(魏) 나라에서 억울한 죄명으로 죽을 고비에서 천행으로 살아난 범저(范雎)는 잔록(張祿)이라는 이름으로 행세해 오다가 마침 위나라를 다녀가는 진(秦) 나라 왕계(王季)의 도움을 받아 진나라로 망명을 하게 되었다. 왕계는 진왕에게 위와 같이 장록이 한 말을 전하고 이렇게 간하였다.

"위나라에 장록이란 사람이 있는데 그는 천하의 뛰어난 책략가였습니다. 그의 조언을 듣는 것이 현명할 줄로 아뢰옵니다."

이렇게 하여 범저는 진왕에게 원교근공(遠交近攻)의 대외정책을 진언하는 등 크게 활약하였다.

농 장 지 희
弄璋之喜 아들을 낳았을 때 축하하는 말. 옛날 중국에
서 아들을 낳으면 구슬을 장난감으로 준 데
서 유래된 말.

능 견 난 사
能見難思 잘 보고도 보통의 이치로는 아무리 생각하여
도 모를 일.

능 곡 지 변
陵谷之變 언덕이 변하여 골짜기가 되고 골짜기가 변하
여 언덕이 됨.

능 운 지 지
陵雲之志 구름보다 훨씬 더 높은 뜻.

능 지 처 참
陵遲處斬 머리, 몸, 손, 발을 토막치는 극형.

다기망양
多岐亡羊 학문의 길이 너무 다방면이므로 진리를 찾기
가 어려움을 비유한 말. 열자(列子) 설부편에
나오는 말이다.

다문박식
多聞博識 견문이 많고 학식이 넓음.

다사다난
多事多難 일도 많고 어려움도 많음.

다수가결
多數可決 찬성이 많은 쪽으로 결정함.

다언수궁
多言數窮 말이 많으면 자주 곤경에 빠짐.

다재다능
多才多能 재주도 많고 능력도 많음.

다전선가
多錢善價 밑천이 많으면 장사를 잘 할 수 있다는 말.

다정다감
多情多感 애틋한 정이 많고 느끼는 생각도 많음.

多多益善

다 다 익 선

많을 다   많을 다   더할 익   착할 선

많으면 많을수록 좋다는 뜻.

한고조(漢高祖)인 유방(劉邦)은 천하를 통일했으나, 수하의 맹
장들이 언젠가는 한나라에 위험한 존재가 되지 않을까 하고
걱정하고 있었다.
어느 날 유방은 여러 장수들의 능력에 대해 이야기하다 한신
에게 이렇게 물었다.

"나는 도대체 어느 정도의 군사를 거느릴 수 있겠는가?"

"글쎄요, 폐하께서는 10만 정도가 아닌가 봅니다."

"그래, 그럼 귀공은 어떤가?"

그러자 "신은 다다익선(多多益善)으로 많으면 많을수록 좋습니다"라고 대답했다.

"그렇다면 귀공은 어찌하여 내 밑에서 부하 노릇을 하고 있는가?"

한신이 다시 대답했다.

"황제께서는 병사의 장군이 될 수는 없지만 장군들을 거느리는 장군이 되신다는 말씀입니다."

斷機之戒 _{단 기 지 계}
짜던 베의 날을 끊으면 쓸모가 없듯이, 학업도 도중에 중단해서는 안됨을 경계하는 말. 단기지교(斷機之敎)라고도 한다.

맹자가 어렸을 때 학업을 중도에 그만두고 돌아오자 맹자의 어머니가 베를 짜다가 칼로 베를 끊어 버렸다. 맹자가 놀라면서 그 까닭을 물으니, "네가 학업을 중도에 그만두는 것은 내가 짜던 베를 끊어 버리는 것과 마찬가지다" 라고 말했다. 그리고 "사람이 학문을 닦지 않으면 남의 심부름꾼밖에 안된다" 며 타일러 보냈다고 한다. 맹자는 이 말을 듣고는 열심히 학문을 익혀 나중에 천하의 유명한 학자가 되었다.

斷金支交 _{단 금 지 교}
사귀는 정이 매우 깊은 친구.

單刀直入 _{단 도 직 입}
혼자서 칼을 휘두르며 적진으로 쳐들어감. 문장이나 언론에서 서론을 빼고 바로 본론으로 들어감.

丹心照萬古 _{단 심 조 만 고}
거짓이 없는 지성스러운 마음은 영원히

빛난다는 말.

達人大觀 _{달 인 대 관} 사물의 도리에 통달한 탁월한 견식.

膽大心小 _{담 대 심 소} 배짱은 크게 갖되 주의는 세심하게 가져야
한다는 말.

談虎虎至談人人至 _{담 호 호 지 담 인 인 지} 호랑이도 제말하면 온다는
뜻. 한 자리에 없는 사람의 말을 하면 공교롭
게도 그 사람이 온다는 뜻.

堂狗三年吠風月 _{당 구 삼 년 폐 풍 월} 서당개 삼 년에 풍월을 읊는다
는 말.

堂狗風月 _{당 구 풍 월} 무식한 사람도 유식한 사람과 같이 있으면
감화를 받는다는 말.

螳螂拒轍 _{당 랑 거 철} 제 분수도 모르고 강적에게 반항함.

螳螂捕蟬 _{당 랑 포 선} 이로움만 보고 해로움을 살피지 않으면 재
화를 당한다는 말.

대 갈 일 성
大喝一聲　크게 한번 소리침.

대 경 실 색
大驚失色　크게 놀라 얼굴 색이 질림.

대 공 무 사
大公無私　사욕이 없이 아주 공평하고 지극히 바르다
　　　　　는 뜻.

대 기 만 성
大器晩成　큰 일이나 큰 인물은 쉽게 이루어지는 것이
　　　　　아니라 오랜 고생 끝에 늦게 이루어진다는
　　　　　말이다.
　　　　　노자(老子)의 '대방무우(大方無隅), 대기만성
　　　　　(大器晩成)'에서 유래한 말로 큰 솥이나 큰
　　　　　종 같은 것을 주조하는 데는 오랜 시간이 걸
　　　　　리듯이 사람도 큰 재주는 일찍 성취되는 것
　　　　　이 아니라는 뜻.

대 명 천 지
大明天地　아주 밝은 세상.

대 분 망 천
戴盆望天　동이를 머리에 이면 하늘을 쳐다볼 수 없고,
　　　　　하늘을 쳐다보려면 동이를 일 수 없다는 뜻.
　　　　　두 가지 일을 동시에 할 수 없다는 말.

戴星而往 대성이왕 별을 이고 간다는 뜻으로 날이 새기 전에 일찍 일어나 간다는 말.

大聲痛哭 대성통곡 큰 목소리로 아주 슬프게 움.

對牛彈琴 대우탄금 소에게 거문고를 들려준다는 말. 어리석은 사람에게 도리를 가르쳐도 알아듣지 못한다는 뜻.

大義滅親 대의멸친 대의(大義)를 위해서 부자(父子)의 인연을 끊는다는 것.

大義名分 대의명분 사람이 지켜야 할 의리와 명분.

大慈大悲 대자대비 관세음보살이 중생을 크게 사랑하고 불쌍히 여기는 마음.

帶妻食肉 대처식육 중이 아내를 두고 고기를 먹음.

德無常師 덕무상사 덕을 닦는 데는 스승이 따로 있는 것이 아님.

덕 불 고
德不孤 덕이 있는 사람은 외롭지 않아 따르는 이가
많음.

덕 위 인 표
德爲人表 덕망이 높아 세상 사람의 사표(師表)가 됨.

도 난 어 기 이
圖難於其易 어려운 일을 하고자 할 때에 그 일의 쉬운
곳부터 해 나감을 이름.

도 로 무 공
徒勞無功 노력을 해도 공 없이 헛수고만 한다는 말.

도 룡 지 기
屠龍之技 용을 잡는 재주가 있다는 뜻. 비상한 재주.

도 모 시 용
道謀是用 길 옆에 집을 짓는 데 지나가는 사람들에게
어떻게 짓는 것이 좋은가 상의하면 모두 생
각이 구구하여 일치되지 않아 집을 지을 수
없다는 뜻. 자신의 주관이 없이 타인의 말만
좇아서는 아무 것도 이룰 수 없다는 말.

도 비 순 설
徒費脣舌 입술과 혀만 수고롭게 한다 함이니 부질없는
말만 하고 보람이 없다는 말.

도 삼 촌 설
棹三寸舌 세 치 되는 혀를 흔든다는 뜻으로 웅변을 말
함.

도 요 시 절
桃夭時節 처녀가 시집가기에 좋은 시절.

도 장 왈 자
道掌曰字 어떠한 일이건 나서서 잘난 체 하는 사람.

도 중 하 차
途中下車 차를 타고 가다가 도중에서 내림.

도 청 도 설
塗廳塗說 거리에 떠도는 풍문.

독 보
獨步 재능이 출중하여 혼자 뛰어났다는 말.

도탄지고

塗炭之苦

칠할 도　숯 탄　갈 지　괴로울 고

진구렁에 빠지고 불에 타는 듯한 괴로움을 나타낸 말로서, 심한 고통 속에 빠져 있음을 뜻한다.

미녀 매희에게 빠져 주지육림의 세월로 나라를 멸망케 한 하나라의 걸왕과 은나라의 주왕은 중국 역사상 대표적인 폭군이었다. 은나라 탕왕이 하왕조 마지막 천자인 걸왕의 학정에 군

고전으로 배우는 지혜 고사성어

사를 일으켜 무력혁명으로 반란을 일으킬 때 수많은 군중을 앞에 놓고 서약을 선언한 말 가운데 유명한 구절이다.

"백성은 도탄에 빠졌도다."

탕왕은 마침내 걸왕의 대군을 대파하고 천자의 자리에 올랐다.

걸왕의 학정을 비난한 말은 고전에 많이 보이는데 그 중에서도 서령의 중훼지고(仲虺之誥)에서는 "유하혼덕(有夏昏德)하여 백성이 도탄에 떨어지다"라고 했다. 걸왕의 학정으로 백성들이 받는 고통을 '백성이 도탄에 떨어지다' 라고 비유한 것이다.

독불장군
獨不將軍 여러 사람과 사이가 틀어져 외로운 사람. 모든 일을 자기 생각대로 혼자 처리하는 사람.

독서망양
讀書亡羊 글을 읽다가 양을 잃어 버렸다는 말. 마음이 다른 곳에 가 있다는 말.

독서삼도
讀書三到 독서하는 데는 눈으로 보고, 입으로 읽고, 마음으로 해득해야 된다는 뜻.

독서삼매
讀書三昧 오직 책 읽기에만 골몰하는 일.

독서삼여
讀書三餘 독서하기에 적당한 세 여가. 겨울, 밤, 비 올 때. 삼여라고도 함.

독서상우
讀書尚友 책을 읽음으로써 현인들과 벗이 될 수 있다는 말.

독숙공방
獨宿空房 홀로 빈 방에서 잠. 흔히 여자가 남편 없이 혼자 지냄을 가리킴.

독야청청
獨也青青 홀로 푸르다는 뜻. 높은 절개.

獨清獨醒 혼탁한 세상에서 혼자만 깨끗하고 정신이 맑음.

豚蹄盂酒 돼지 발톱과 술 한 잔이라는 뜻.

東家食西家宿 동쪽 집에서 먹고 서쪽 집에서 잔다는 말. 먹을 것도 입을 것도 없어 떠돌아다니는 신세를 뜻함.

同價紅裳 같은 값이면 다홍치마란 말.

冬裘夏葛 겨울에는 털가죽을 입고 여름에는 칡으로 짠 베옷을 입음은 당연한 일이라는 말.

東塗西抹 이리 저리하여 간신히 꾸며댄다는 뜻.

銅頭鐵身 성질이 고집통이고 거만하며 모진 사람.

棟梁之材 한 집이나 한 나라의 중요한 일을 맡을 만한 사람.

同名異人 이름은 같으나 사람이 다름.

동 문 서 답
東問西答 어떤 물음에 대하여 당치도 않은 엉뚱한 대
답을 함.

동 병 상 련
同病相憐 같은 종류의 병을 앓고 있는 사람끼리 서로
를 불쌍히 여긴다는 뜻으로, 비슷한 처지에
있는 사람들이 서로를 잘 이해하고 동정한다
는 말.

동 분 서 주
東奔西走 부산하게 이리저리 돌아다님.

동 상 이 몽
同床異夢 한자리에 자면서 다른 꿈을 꿈.

동 선 하 로
冬扇夏爐 겨울의 부채와 여름의 화로라는 말. 쓸 데 없
는 물건을 말함.

동 온 하 청
冬溫夏青 겨울에는 따뜻하게 여름에는 시원하게 한다
는 말. 곧 부모를 잘 섬기어 효도함.

동 자 하 지
童子何知 어린아이 같은 것이 무엇을 아느냐고 꾸짖
는 말.

^{동 절 최 붕}
棟折榱崩 대들보가 무너지면 서까래가 무너진다는
뜻. 상관이 쓰러지면 부하도 쓰러진다는 말.

^{동 족 방 뇨}
凍足放尿 언 발에 오줌을 누어서 녹인다는 말. 잠시 구
급은 되나 곧 그 효력이 없어지고 더 악화된
다는 말.

^{동 주 상 구}
同舟相救 같은 배에 함께 탔던 사람들은 배가 전복할
경우 서로가 밉건 곱건 힘을 합해 구조하게
된다는 말.

^{동 추 서 대}
東推西貸 여기 저기 여러 곳에서 빚짐. 동취서대(東取
西貸).

^{두 문 불 출}
杜門不出 집에만 있고 밖에 나가지 아니함.

^{두 양 소 근}
頭痒搔跟 머리가 가려운데 발뒤꿈치를 긁는다. 아무
소용없는 일이라는 뜻.

^{득 일 망 십}
得一忘十 하나를 알면 다른 열 가지 일을 잊어버림. 기
억력이 좋지 못함을 이름.

득 친 순 친
得親順親 부모의 뜻에 들고 순종함.

등 고 자 비
登高自卑 높은 곳에 올라가려면 낮은 곳에서부터 올라
가야 한다는 뜻으로, 무슨 일이든지 순서가
있어야 한다는 뜻.

등 화 가 친
燈火可親 가을밤은 서늘하여 글을 읽기 좋다는 말.

어려운 고비를 돌파하여 용이 되어 하늘로 올라간다는 말. 입
신출세의 관문이라는 의미로 쓰인다.

황하(黃河) 상류에 용문(龍門)이라고 하는 물살이 매우 급한
곳이 있는데 웬만한 물고기들은 접근조차 하기 어려웠다고
한다. 잉어가 이곳을 통하여 하늘에 올라 용이 된다는 전설이
있다.
보통 입신양명의 길로 나서 출세하는 큰 시험을 빗대어 말하
기도 한다.

故事成語

고전으로 배우는 지혜 고사성어

마각노출
馬脚露出 숨기고 있던 간사한 꾀가 부지중에 드러남.

마부위침
磨斧爲針 도끼를 갈아 바늘을 만든다는 뜻. 아무리 어려운 일이라도 부단한 노력과 끈기와 인내로 일하면 기필코 성공한다는 말.

마이동풍
馬耳東風 말의 귀에 동풍이라는 뜻으로 다른 사람의 비평이나 의견, 충고를 전혀 듣지 않고 흘려버리는 것을 말함. 우이독경(牛耳讀經)도 비슷한 뜻이다. 이백의 장시의 한 구절이다.

마중지봉
麻中之蓬 삼밭에 자라는 쑥. 좋은 환경에서 자라거나 좋은 친구를 사귀면 감화를 받아 품행이 바르게 된다는 말.

막감수하
莫敢誰何 세력이 굉장하여 아무도 그를 감히 건드리지 못함.

막 무 가 내
莫無可奈 어찌할 수가 없음. 무가내하(無可奈何).

막 부 득 이
莫不得已 마지못하여. 어찌 할 수 없이.

막 역 지 우
莫逆之友 마음이 서로 맞는 매우 친한 친구. 막역은 마음에 조금도 거슬리는 것이 없다는 뜻으로 이 말이 나오게 된 장자 대종사편(大宗師篇) 원문에는 막역어심(幕逆於心)이라고 되어 있다.

만 가
輓歌 상여를 메고 갈 때나 매장한 뒤에 흙을 다지면서 부르는 노래. 죽은 사람을 애도하며 부르는 노래를 말한다. 한국 구전 민요의 하나.

만 경 창 파
萬頃蒼波 한없이 너르고 너른 바다.

만 고 불 변
萬古不變 오랜 세월을 두고 변하지 아니함.

만 고 불 후
萬古不朽 영원히 썩지 않고 오래간다는 뜻.

만 고 절 색
萬古絶色 이 세상에는 따라갈 여자가 없는 뛰어난 미인.

萬古風霜 _{만 고 풍 상} 오랫동안 겪어온 많은 고난.

滿面春風 _{만 면 춘 풍} 온 얼굴에 가득히 웃음을 띠다.

萬福攸同 _{만 복 유 동} 여러 가지 복이 모여들음을 이름.

萬事如意 _{만 사 여 의} 모든 일이 뜻과 같이 됨.

萬事亨通 _{만 사 형 통} 모든 일이 순탄하게 잘 됨.

萬壽無疆 _{만 수 무 강} 수명이 한없이 긺. 오래 산다는 뜻.

晚時之歎 _{만 시 지 탄} 기회를 놓친 탄식. 때늦은 한탄.

滿身瘡痍 _{만 신 창 이} 온몸이 흠집 투성이가 됨.

晚秋佳景 _{만 추 가 경} 늦가을의 아름다운 경치.

末代必折 _{말 대 필 절} 나무의 가지가 커지면 반드시 부러진다는 뜻으로 변방의 힘이 커지면 중앙의 통치에서 벗어남을 말함.

亡國之音 (망국지음) 나라를 망칠 음악이란 뜻으로 저속하고 음탕한 음악을 일컬음.

罔極之恩 (망극지은) 부모나 임금이나 나라에서 받은 한없는 큰 은혜.

忘年之友 (망년지우) 나이를 따지지 않고 재주와 학문으로만 사귀는 친구.

網漏吞舟 (망루탄주) 큰 고기도 샐만한 그물.

茫茫大海 (망망대해) 한없이 넓고 큰 바다.

望門寡婦 (망문과부) 정혼한 남자가 결혼 전에 죽어 된 과부.

亡羊得牛 (망양득우) 양을 잃고 소를 얻었다는 뜻. 작은 것을 잃고 큰 것을 얻음을 비유한 말.

亡羊補牢 (망양보뢰) 양 잃고 우리를 고친다는 뜻으로 소 잃고 외양간 고친다는 말과 비슷한 말. 실패하기 전에 미리 잘 준비하라는 뜻.

망양지탄

亡羊之歎 갈래진 길에서 양을 잃고 탄식한다는 뜻으로 학문의 길도 여러 갈래라 길을 잡기 어렵다는 말.

망유택언

罔有擇言 말이 모두 이치에 맞아 골라 빼낼 말이 없음을 이름.

망중투한

忙中偸閑 바쁜 가운데 한가한 틈을 내 마음껏 즐김.

매두몰신

埋頭沒身 일에 파묻혀 헤어나지 못함.

매사마골

買死馬骨 죽은 말의 뼈다귀를 산다 함이니 소용없는 짓을 한다는 뜻.

매처학자

梅妻鶴子 매화를 아내로 삼고 학을 자식으로 삼는다는 뜻으로 풍요한 생활을 이름.

맥수지탄

麥秀之嘆 고국(故國)의 멸망을 한탄한다는 뜻. 맥수(麥秀)란 보리가 무성하다는 뜻으로 옛날 영화를 누렸던 도읍에 보리가 무성하게 자란 것을 보고 고국 은(殷) 나라의 멸망을

탄식했다는 고사에서 유래된 말이다.

기자(箕子)가 은나라가 망한 후 주왕의 도읍으로 가던 도중 은나라의 옛성 근처를 지나게 되었다. 옛날 번영을 누렸던 곳이건만 이제는 너무나 변해 버린 모습을 한탄하며 맥수지시(麥秀之詩)를 지어 읊었다고 한다.

맥 수 점 점 혜　　화 맥 유 유 혜
麥秀漸漸兮　禾麥油油兮

옛 궁궐터에는 보리만 무성하고 벼와 기장들도 잎이 기름지도다

맹 모 단 기
孟母斷機
맹자가 학업을 중도에 포기하고 돌아왔을 때 맹자의 어머니가 짜던 베를 칼로 끊어 훈계하던 일.

맹 자 실 장
盲者失杖
장님이 지팡이를 잃은 것처럼 믿고 의지할 곳이 없어진 것을 뜻함.

맹 자 정 문
盲者正門
장님이 문을 바로 들어갔다는 뜻이니 우연히 요행수로 성공을 거두었다는 뜻. 우둔하고 미련한 사람이 어찌하다가 이치에 맞는 바른 일을 함을 가리키는 말.

면 상 육 갑
面上六甲 얼굴을 보고 나이를 짐작함.

면 종 복 배
面從腹背 면전에서는 따르는 체하면서 속으로 배신함.

멸 문 지 화
滅門之禍 온 가문이 몰락할 정도의 큰 화.

孟 母 三 遷 之 敎

맏 맹　어미 모　석 삼　옮길 천　의 지　가르칠 교

맹자(孟子)의 어머니가 맹자를 교육시키기 위해 세 번이나 이
사를 했다는 고사에서 유래됐다.

맹자 어머니가 처음 이사를 했는데 공동묘지 근처였다. 어린
맹자는 놀이도 상여를 메고 장사(葬事) 지내는 흉내만 내는 것
이었다. '여기는 자식을 기를 만한 곳이 못 되는구나.' 이렇게
생각을 한 맹자 어머니는 곧 시장 근처로 이사했다. 그러자 맹
자는 장사하는 흉내를 내며 놀았다.

맹자의 어머니는 '여기도 교육시킬 만한 곳은 아니로구나' 라고 생각한 끝에 서당 근처로 이사를 했다. 그러자 맹자는 학생들이 공부하는 것과 예의를 갖춰 인사하고 행동하는 모습을 흉내내며 노는 것이었다. 이렇게 되어 세 번째 이사한 서당 근처에서 맹자를 키웠다는 이야기다.

盲 人 摸 象

맹 맹   사람 인   더듬어 찾을 모   코끼리 상

장님이 코끼리를 만지는 식으로 사물의 일부만을 알면서 전체에 대한 결론을 내리는 잘못된 견해를 말한다.

옛날 인도의 어떤 왕이 신하들에게 명했다.
"코끼리 한 마리를 끌고 오시오. 그리고 장님들을 불러 코끼리를 만져 보게 한 다음 그 형상을 말하게 하시오."
장님들이 제각기 코끼리를 만져보고 느낀 것을 말하기 시작했다. 코끼리의 이빨을 만져 본 장님이 말했다.

"코끼리의 형상은 굵은 큰 무와 같습니다."

귀를 만져 본 다른 장님이 말했다.

"코끼리의 형상은 쌀을 까부는 키와 같습니다."

발을 만져 본 장님과 코끼리의 뱃가죽을 만져 본 장님도 저마다 다른 의견을 내놓았다.

"코끼리의 형상은 절구통과 같습니다."

"코끼리의 형상은 배가 툭 튀어나온 옹기와 같습니다."

그러자 마지막으로 코끼리의 꼬리를 만져 본 장님이 큰소리로 "천만의 말씀입니다. 모두 틀렸습니다. 코끼리의 형상은 굵은 밧줄과 꼭 같습니다"라고 외쳤다.

이들은 각자 자기의 견해가 옳다고 주장했다. 장님들은 코끼리 전체를 만져 보지 않고 코끼리의 일부만 만져 보았기 때문인 것이다.

明鏡止水 _{명 경 지 수} 밝은 거울과 조용한 물이라는 뜻으로 사람의 마음이 맑고 조용한 것을 비유. 사념이 없고 맑고 깨끗한 마음을 가리킨다.

名利兩全 _{명 리 양 전} 명예와 재물을 한꺼번에 얻는다는 말.

明眸皓齒 _{명 모 호 치} 맑은 눈동자와 하얀 이. 미인을 일컫는 말.

名實相符 _{명 실 상 부} 이름과 실상이 서로 부합함.

銘心不忘 _{명 심 불 망} 마음속에 새겨 두고 오래 잊어버리지 않음.

明若觀火 _{명 약 관 화} 불을 보듯 분명함. 뻔함.

明月爲燭 _{명 월 위 촉} 달빛이 비추는 것을 촛불로 삼음.

矛盾 _{모 순} 말이나 행동의 앞뒤가 서로 맞지 않는 것을 말한다.

초나라에 방패와 창을 파는 사람이 있었는데, 방패에 대해 말하기를 "나의 방패는 단단하여 그 무엇으로도 뚫을 수가 없습니다" 하고, 또 창에 대해 말하기를 "이 날카로운 창으로는 뚫지 못하는 것이 없습니다" 라고 했다. 이때 한 사람이 "그러면 그 창으로 그 방패를 뚫으면 어쩌겠소?" 하고 물으니 그 사람이 대답을 하지 못했다.

이와 같이 어떤 말이나 행동의 이치가 서로 상반되는 경우, 또는 어떤 상태나 판단이 대립하여 양립하지 못하는 관계를 빗대어 쓰이는 말이다.

중국 조(趙) 나라 때 모수라는 사람이 자기 스스로를 천거했다는 고사에서 유래한 말이다. 다른 사람이 추천해 주지 않으니까 스스로 자청해서 나서는 것을 말한다.

조(趙) 나라의 왕 평원군(平原君)이 진나라를 치기 위해 초나라에 구원을 청하려고 하였다. 그래서 20명을 추천 받아서 초나라에 보내기로 하였는데, 19명을 선발하고 적당한 사람이 없어 1명을 채우지 못했다.

이때 모수라는 사람이 자신을 뽑아달라고 스스로 청하였다.

평원군이 모수에게 말했다.

"그대는 내가 아무리 봐도 장점을 하나도 발견 못했노라."

모수가 대답했다.

"저를 주머니 속에 넣어 보시면 뾰족 튀어나오는 송곳처럼 나타날 것이니 저를 뽑아 주십시오."

왕은 모수를 뽑아 함께 보냈다.

초왕은 모수의 위엄과 설득에 감복하여 조나라에 구원병을 보낼 것을 약속하게 되었다.

目短於自見 (목 단 어 자 견) 눈은 다른 사물은 잘 보지만 자신의 눈 속은 보지 못한다는 말로 사람이 자기 자신은 모른다는 비유.

目不識丁 (목 불 식 정) 낫 놓고 기역자도 모른다는 뜻으로 매우 무식함을 말함.

目不忍見 (목 불 인 견) 눈으로 차마 볼 수 없음.

木石不傅 (목 석 불 부) 나무에도 돌에도 붙일 데가 없다는 뜻. 아무에게도 의지할 곳이 없음을 말함.

木人石心 (목 인 석 심) 의지가 굳어 어떤 유혹에도 마음이 흔들리지 않는다는 말.

目前之計 (목 전 지 계) 일시적인 얕은 꾀.

夢寐難忘 (몽 매 난 망) 꿈에도 그리워 잊기가 어렵다는 뜻.

妙技百出 (묘 기 백 출) 교묘한 재주와 기술이 많이 나옴.

몽 외 지 사
夢外之事 천만 뜻밖의 일.

몽 학 훈 장
蒙學訓長 어린 아이를 가르치는 훈장.

묘 두 현 령
猫頭縣鈴 고양이 머리에 방울 달기. 곧 실행할 수 없는
헛된 의론이라는 뜻.

무 릉 도 원

武 陵 桃 源

군사 무　언덕 릉　복숭아 도　근원 원

이 세상과 동떨어진 별천지의 뜻. 화목하고 행복하게 살 수
있는 이상향(理想鄕)을 말한다.

진(晉) 나라 때 호남무릉(湖南武陵)에 한 어부가 배를 타고 물길
을 따라 올라가다가 넓은 수원지에 이르러 길을 잃고 말았다.
주변은 온통 활짝 핀 복숭아 꽃나무로 뒤덮여 있었다. 어부가
매우 이상하게 생각하여 배에서 내려 앞으로 걸어나가 복숭아
꽃나무 숲이 다한 곳까지 이르자, 물이 솟아나는 골짜기가 나

왔다. 조그마한 굴이 있었는데 꼭 빛이 보이는 것 같아 굴을 따라 들어가게 되었다. 처음에는 아주 좁아서 사람이 겨우 통과할 정도였는데 조금 더 들어가니까 공간이 넓어지면서 땅이 평평하고 집들이 높게 들어서 있는 곳으로 나오게 되었다.

기름진 농토와 아름다운 연못과 뽕나무, 대나무 등이 언덕에 동서남북으로 길게 뻗어 있고, 닭이 울고 개가 짖는 소리가 먼 곳에서 들리며, 사람들이 왕래하며 농사를 짓고 있었다. 그곳 사람들은 진나라의 난리를 피하여 온 사람들이었는데 하도 살기가 좋아 바깥 세상이 어떻게 변천했는지도 모르고 살고 있었다. 사람들이 어부를 보고 크게 놀라 그곳에 오게 된 경위를 묻자 사실대로 대답하고 여러 날 동안 극진한 대접을 받았다. 어부가 돌아가게 되자 그곳 사람들은 "절대 밖의 사람들에게 말하지 말라"고 부탁하였다.

그러나 어부는 돌아오면서 곳곳에 표시를 남기고 마을에 도착하여 태수(太守)에게 보고하니, 태수가 곧 사람들을 시켜 찾게 하였지만 아무도 그곳을 다시 찾을 수가 없었다고 한다.

無價大寶 무 가 대 보
값으로 헤아릴 수 없는 귀중한 보물.

無骨好人 무 골 호 인
뼈 없이 좋은 사람. 아주 순하여 남의 비위에
두루 맞는 사람.

無念無想 무 념 무 상
아무 잡념이 없이 자기를 잊음.

無邊大海 무 변 대 해
끝이 없는 넓은 바다.

無病長壽 무 병 장 수
병 없이 오래 삶.

巫山之夢 무 산 지 몽
무산에서 꾼 꿈이라는 뜻으로 남녀의 밀회나
육체적인 관계를 일컫는 말.
옛날 선왕이 향연을 즐기다 피로해서 잠시
잠이 들었다. 잠이 들자 곧 선녀같이 아름다
운 여자가 나타나더니 왕의 곁으로 다가와
말했다.
"저는 무산(巫山)에 삽니다. 폐하께서 이곳에
계시다는 말을 듣고 이렇게 찾아뵈었습니다.
원하옵건대 저와 동침해 해주십시오."
왕은 꿈에서나마 그 여자와 동침하였다.

얼마 후 작별할 때가 되자 그녀는 이런 말을
남기고 사라졌다.

"저는 무산 남쪽 험준한 곳에 사는데 아침에
는 구름이 되어 산에 걸리고 저녁에는 비가
되어 산을 내려옵니다."

황홀한 꿈에서 깨어난 왕이 이튿날 아침 일
찍 무산 쪽을 바라보니 꿈 속에서 그 선녀가
말한 대로 무산에 아름다운 빛을 받은 구름
이 두둥실 떠 있었다. 왕은 그 선녀를 못 잊
어 묘를 세워 조운묘(朝雲廟)라고 이름지었
다고 한다.

이 이야기는 송옥(宋玉)의 고당부(高塘賦)에
서 유래된 것으로 흔히 남녀의 은밀한 관계
를 은유적으로 표현할 때 사용하는 말이다.

무 소 불 능
無所不能 무엇이나 능하지 않은 것이 없음.

무 소 불 위
無所不爲 못할 일이 없음.

무 아 도 취
無我陶醉 즐기거나 좋아하는 것에 정신이 팔려 취하
다시피 되어 자기 자신을 잊어버리고 있는
상태.

무 아 애
無我愛 자기는 전혀 돌보지 않는 참되고 순결한
사랑.

무 용 지 용
無用之用 쓸모 없는 것이 오히려 요긴하게 쓰여진다
는 말.

무 위 도 식
無爲徒食 아무 하는 일이 없이 오직 먹고 놀기만 함.

무 의 무 탁
無依無托 몸을 의지하고 의탁할 곳이 없음.

무 인 부 지
無人不知 소문이 나 모르는 사람이 없음.

무 인 지 경
無人之境 사람이라고는 전혀 없는 곳.

무 지 망 작
無知妄作 너무 몰라 함부로 행동함.

무 지 막 지
無知莫知 아는 것이 없고 우악스러움.

무 훼 무 예
無毁無譽 욕할 것도 칭찬할 것도 없음.

문 경 지 교
刎頸之交 목이 떨어져도 마음이 변하지 않을 만큼 친

밀한 사귐을 일컫는 말로서 깊은 우정을 뜻한다.

조(趙) 나라 혜문왕 때 인상여(藺相如)라는 사람은 중신 목현의 일개 식객에 지나지 않는 신분이었으나, 이른바 화씨의 구슬이라는 보물을 잘 지킨 공으로 상대부의 벼슬자리에 올랐다. 그로부터 3년 후 혜문왕이 진나라 왕과 함께 한 자리에서, 하마터면 혜문왕이 수치를 당할 뻔했던 위기를 기지를 발휘해 오히려 진나라 왕을 궁지로 몰아 넣은 공으로 상경(上卿)의 자리에까지 올랐다. 당시 조나라의 명장으로 이름을 떨쳤던 염파보다도 더 높은 자리에 오르자 염파가 분개하여 말했다.

"나는 전쟁에 나가서 큰 공을 세웠는데 상여는 하찮은 공으로 나보다도 더 높은 벼슬에 올랐다. 그 사람은 원래 천한 놈이다. 그런 놈 밑에 있다는 것은 욕된 일이다. 상여를 만나면 욕을 보여 주겠다."

이 말을 전해들은 상여는 염파와 만나는 것을 피했다. 상여의 부하 한 명이 자존심이 상해 이렇게 말했다.

"지금 당신은 염장군을 무서워하고 있습니다. 너무나 비겁해서 나는 떠나겠습니다."
상여는 그 사람을 붙잡고 이렇게 말했다.
"염장군과 진왕 중 어느 쪽이 더 무서운가?"
"물론 진나라 왕이죠."
"나는 그런 진나라 왕을 두려워하지 않고 혜문왕과 함께 한 자리에서 진나라 왕을 욕보였소. 이러한 내가 왜 염장군을 두려워하겠나. 강국인 진나라가 우리나라를 공격해 오지 못하는 것은 염장군과 내가 있기 때문이네. 두 마리 호랑이가 서로 싸운다면 그 어느 쪽은 쓰러지게 마련이 아닌가. 내가 염장군을 피하는 것은 나라를 먼저 생각하고 개인적 원한은 뒤로 하기 때문이라네."
염파는 이 말을 전해 듣고 크게 반성하고는 상여의 집을 찾아가서 진심으로 사과했다. 그 후 두 사람은 다시없는 친구인 문경지교의 사이가 되었다.

문 방 사 우
文房四友 종이, 붓, 먹, 벼루의 네 가지.

문 일 지 십
聞一知十 한 가지를 듣고 열 가지를 알아차린다는 뜻.

권세가 드날리거나 부자가 된 사람의 집 앞이 시장처럼 사람
들로 붐빈다는 뜻.

서한(西漢) 시대 충신 정숭(鄭崇)은 왕과 인척이 되는 명문 출
신이다. 정숭은 나라는 돌보지 않고 여색에만 탐닉하는 왕 애
제(哀帝)에게 여러 번 직언했으나 귀를 기울이려 하지 않았다.
오히려 누명을 쓰고 힐책당할 정도였다.
당시 조창(趙昌)이라는 간신이 있었다. 남을 고자질하여 아첨

하는 인물로 정승을 못마땅하게 여겼던 그는 정승이 애제에게서 멀어지기를 소원하고 있었다.

"정승이 무슨 음모를 꾸미고 있으므로 빨리 무슨 조치를 내리셔야 되겠습니다" 하고 조충이 애제에게 이간질했다. 애제는 곧 정승을 불러들여 문책했다.

"그대의 집 앞은 시장터와 같다고 하던데."

애제의 말을 받아 정승이 말했다.

"그렇습니다. 신의 대문 앞은 아첨하는 무리들로 시장터 같아도 신의 마음은 물과 같이 깨끗합니다. 진상을 한 번 조사해 보시옵소서."

그러나 감히 왕에게 대든 꼴이 되고 말아 애제는 노해서 정승을 옥사시키고 말았다.

문 전 옥 답
門前沃畓 집 앞에 가까이 있는 기름진 논.

물 경 소 사
勿輕小事 작은 일이라도 경솔하게 처리하지 말라는 뜻.

물 망 재 거
勿忘在莒 부귀와 영화를 누릴수록 교만하지 말고 과
거에 고난을 겪었던 역경을 잊지 말아야 한
다는 말.

물 박 정 후
物薄情厚 사람을 사귀는데 물질적인 것은 부족하더라
도 정만은 깊고 두터워야 한다는 말.

물 성 즉 쇠
物盛則衰 만물이 한 번 성하면 쇠한다는 뜻.

미 대 부 도
尾大不掉 꼬리가 너무 크면 흔들기가 어렵다. 부하의
세력이 너무 커지면 통솔하기가 어렵다는
뜻. 미대난도(尾大難掉).

미 래 지 사
未來之事 앞으로 닥쳐올 일.

미 망 인
未亡人 아직 죽지 못한 사람이란 뜻으로 과부를 말
함. 남편이 죽고 홀로 사는 부인.

미 면 경 정
未免徑庭 마당가에서 서성거리는 정도의 학문에 불과
하다. 학문의 초보적인 수준을 말함.

미 목 수 려
眉目秀麗 얼굴이 뛰어나게 아름다움.

미 불 용 극
靡不用極 전심 전력을 다함.

미 사 여 구
美辭麗句 아름다운 말과 훌륭한 글귀.

미 성 재 구
美成在久 훌륭한 일은 오랜 시간이 걸려야 이루어진다
는 말.

미 자 불 문 로
迷者不問路 길을 잃어 헤매면서도 길을 묻지 않는다
는 말로서 어리석은 사람을 비유한 말.

민 간 질 고
民間疾苦 정치의 변동이나 부패로 인하여 백성들이 받
는 괴로움.

尾生之信

꼬리 미   날 생   의 지   믿을 신

우직한 미생이란 사람의 믿음이란 뜻으로 고지식하게 죽음을
무릅쓰고라도 약속만을 굳게 지키는 일을 이르는 말.

사기(史記) 소지전(蘇秦傳)에서 유래된 말이다. 노(魯) 나라에
미생(尾生)이라는 우직하고 정직한 사람이 있었는데 하루는
개울 다리 밑에서 여자를 만나기로 약속을 했다. 그러나 약속

시간이 지나고도 아무리 더 기다려도 여자는 나타나지 않았다. 그러는 동안에 비가 많이 와서 개울물이 불어나 그는 물에 잠기게 되었다. 나중에는 물이 머리 위까지 올라와도 그는 약속을 지키기 위해 그곳을 떠나지 않고 있다가 끝내는 익사해 버리고 말았다.

바

博古知今 ^{박 고 지 금} 옛날 일을 잘 알면 오늘날의 일도 알게 된다는 말.

博物君子 ^{박 물 군 자} 온갖 사물에 정통한 사람.

博而不精 ^{박 이 부 정} 넓게 알고 있으나 정밀하지 못함.

拍掌大笑 ^{박 장 대 소} 손뼉을 치며 웃음.

反裘而負薪 ^{반 구 이 부 신} 갖옷의 털이 상할까봐 뒤집어 입고 나무를 등에 졌더니 도리어 갖옷의 모피 털이 더 못 쓰게 되었다는 말로 하나만 알고 둘은 모르는 사람을 비유한 말.

半途而廢 ^{반 도 이 폐} 일을 하다가 중도에 그만 둔다는 말. 중도이폐(中道而廢).

반목질시
反目嫉視 서로 질투하고 미워하는 눈으로 봄. 눈을 흘기면서 미워함.

반문농부
班門弄斧 자신의 실력도 모르면서 잘난 척한다는 말. 옛날 중국 노(魯) 나라에 기계를 잘 만드는 반수(班輸)라는 사람을 흉내내어, 그의 집 대문 앞에서 도끼로 기계를 만들려고 한 어리석은 사람이 있었다는 고사에서 나온 말.

반복무상
反覆無常 언행을 이랬다 저랬다 하여 일정하지 않음. 일정한 주장이 없음.

반수반성
半睡半醒 자는 둥 마는 둥 하게 아주 얕은 잠을 잠.

반식자우환
半識字憂患 반쯤 아는 것이 근심거리를 가져온다 함이니 무슨 일에나 어설프게 제대로 알지도 못하면서 아는 체하다가 일을 그르치게 된다는 뜻.

반신반의
半信半疑 반은 믿고 반은 의심함.

반자지정
半子之情 사위를 일컫는 말. 반 아들 같은 경우.

발란반정
撥亂反正 어지러운 세상을 다스려 평안하게 하고 나쁜
임금을 폐하고 새 임금이 들어서 질서를 회
복함.

발본색원
拔本塞源 뿌리를 뽑아 근본을 없앤다는 뜻으로, 나쁜
폐단을 완전히 없애는 것을 말한다.

방기곡경
旁岐曲徑 알을 순리대로 하지 않고 옳지 않은 방법을
써서 억지로 함을 이르는 말. 반계곡경(盤溪
曲徑)

방약무인
傍若無人 주변에 사람이 없는 것과 같이 제멋대로 행
동하는 것을 말한다.
전국시대 위(衛) 나라에 형가라는 사람이 있
었는데 재주는 뛰어났으나 조국을 떠나 다른
여러 나라를 떠도는 신세가 되었다. 그러다
가 연(燕) 나라에 갔을 때 악기를 잘 다루는
고점리라는 인물과 만나 사귀게 되었다.
서로 뜻이 잘 맞아 매일같이 저잣거리에서

술을 마셨다. 취흥이 돌면 고점리는 악기를
꺼내어 멋지게 연주했고 형가도 이에 어울려
노래를 불렀다. 그러다가 마음이 처량해지면
울기도 하였는데 마치 곁에 아무도 없는 것
처럼 행동하였다. 여기에서 방약무인(傍若無
人)이라는 말이 유래되었다.

방 외 범 색
房外犯色 자기의 아내 이외의 여자와 관계를 가짐.

방 장 부 절
方長不折 한창 자라는 초목은 꺾지 않음. 앞날이 창창한
사람이나 사업에 대해 헤살을 놓지 아니함.

방 환 미 연
防患未然 화를 당하기 전에 미리 막는다. 재앙을 미리
방지한다는 뜻. 미연방지(未然防止)

배 은 망 덕
背恩忘德 남에게 받은 은덕을 잊고 저버림.

백 계 무 책
百計無策 있는 꾀를 다 써 봐도 소용없음.

背 水 陣

등배 물수 진칠진

한(漢) 나라의 한신(韓信)이 조왕헐(趙王歇)을 공격할 때의 고사로 강·호수·바다 같은 것을 등지고 치는 진. 물을 등지고 진을 친다는 뜻으로 목숨을 걸고 대처하는 경우를 비유하는 말이다.

한나라의 한신은 위나라를 격파한 다음 여세를 몰아 조나라로 진격해 들어갔다. 조나라에서는 20만 대군으로 튼튼하게 진

지를 구축하고 서로 대치하고 있었다.

한신은 조나라 군사들이 유리한 곳을 점령하고 있으므로 그냥 싸워서는 이길 수 없다고 생각해서 기발한 전략을 세웠다. 그는 기마병 2천 명을 조나라 진지 가까운 산기슭에 매복시켜 놓고, 전투가 시작되어 조 나라 군사들이 출동하여 성 안이 비게 되면 성 안으로 들어가 조나라 깃발을 내리고 한나라 깃발을 올리도록 작전을 세웠다. 그리고 만 명의 군사들에게 강물을 등지고 진을 치게 했다.

조나라 군사들은 이것을 보고 병법도 모른다고 비웃었다.

다음날 한신이 조나라 진지를 공격하자 조나라 군대는 성 문을 열고 응전해왔다. 한신은 작전대로 퇴각하여 배수진을 친 군사들과 합류했다. 한신이 배수진을 친 곳으로 퇴각한 것을 본 조나라 군사들은 성을 비워 놓고 일제히 공격해 왔다. 한신의 군사들은 더 이상 물러설 곳이 없었으므로 죽기를 각오하고 싸울 수밖에 없었다. 그 사이 매복해 있던 한나라 기마병들은 조나라의 성으로 들어가 조나라 깃발을 뽑고 한나라 깃발을 꽂았다.

百 年 河 清

일백 백   해 년   물 하   맑을 청

중국의 황하는 물이 언제나 누렇게 흐려 있어 맑을 때가 별로 없다는 말. 아무리 오래 되어도 일이 이루어지기 어렵다는 뜻.

정(鄭) 나라는 북으로는 진(晉)에게 남으로는 초(楚)에게 번갈아 공격을 당하는 형국이었다. 초나라가 정나라로 쳐들어오자 정나라의 지도자들이 진나라의 구원을 기다리는 동안 저항을

해야 한다는 측과, 전쟁을 해도 패하는 것은 뻔하니까 항복하자는 측이 맞서 의견의 일치를 보지 못했다. 이때 항복을 주장하는 측의 자사, 자국, 자이 중 자사가 나서며 말했다.

어느 세월에 진나라의 구원병이 오길 기다리겠냐는 뜻으로 '황하가 맑기를 기다리는 것은 100년을 기다리는 것과 다를 바가 없으니 초나라 에게 항복하여 전쟁을 피하자' 고 주장한 데서 유래한 말이다. 결국 자사의 주장대로 초나라와 화평을 맺게 되었던 것이다.

백 골 난 망
白骨難忘 죽어 백골이 되어도 입은 은덕을 잊을 수 없다는 말.

백 귀 야 행
百鬼夜行 온갖 잡귀가 밤에 다닌다는 말로 흉악한 자나 간악한 자들이 때를 만나 활개를 치고 다닌다는 말.

백 년 가 약
百年佳約 젊은 남녀가 결혼하여 한평생을 함께 살자는 언약.

백 년 지 객
百年之客 한 평생을 두고 손님으로 맞아 준다 함이니 처갓집에서 사위를 두고 하는 말.

백 년 해 로
百年偕老 부부가 의좋게 함께 늙음.

백 면 서 생
白面書生 얼굴이 하얀 선비란 말로 글만 읽어 세상 경험이 없는 사람을 가리킴.

백 무 일 실
百無一失 백 가지 일 중에 하나도 틀린 것이 없음. 일마다 하나도 실수가 없음.

백 무 일 취
百無一取
많은 말과 행실 중에 하나도 쓸만한 것이 없음.

백 문 불 여 일 견
百聞不如一見
백 번 듣는 것이 한 번 보는 것만 못 하다는 뜻.

백 미
白眉
여러 사람 중에서 가장 뛰어난 사람이라는 뜻으로 쓰인다.

중국 촉한(蜀漢) 때의 사람인 마량(馬良)은 형제가 다섯 사람이었는데 자(字)에 모두 상(常)이란 글자를 붙여 만들었다. 그래서 세상 사람들은 이들 형제를 마씨 오상(馬氏五常)이라고 불렀다. 이들 다섯 형제는 모두가 뛰어난 재주를 가지고 있었지만, 이들 중 마량의 재주가 가장 뛰어났다. 사람들은 "마씨 오 형제 모두 재주가 뛰어나지만 그 중에서 흰 눈썹(白眉)을 지닌 마량이 가장 훌륭하다" 라고 하였다.

이 때부터 같은 형제뿐만 아니라 같은 연배나 계통의 사람들 중에서 가장 뛰어난 사람을 가리켜 '백미(白眉)' 부르게 되었다.

백 발 백 중
百發百中 총·활 등이 겨눈 곳에 모두 정확히 맞음. 앞
서 생각한 일들이 꼭꼭 들어맞음.

백 배 사 례
百倍謝禮 수없이 절을 하며 고맙다고 치사함.

백 수 건 달
白手乾達 아무것도 없는 멀쩡한 건달. 할 일이 없는 실
업자.

백 약 무 효
百藥無效 온갖 약이 다 효험이 없음.

백 의 종 군
白衣從軍 벼슬이 없이 군대를 따라 전장에 나감. 벼슬
에는 욕심이 없다는 뜻.

백 일 몽
白日夢 대낮에 꿈을 꿈. 헛된 망상.

백 전 노 장
百戰老將 세상일을 많이 겪어 본 사람.

백 절 불 굴
百折不屈 수 없이 꺾어도 굽히지 아니함.

자기를 알아주는 진정한 친구의 죽음을 슬퍼함을 일컫는 말이다.

춘추시대 때 백아(伯牙)라는 거문고의 명수가 있었는데 친구인 종자기(種子期)는 백아가 거문고를 타면 "자네의 거문고 소리는 너무나 아름답네" 하고 항상 기뻐해 주었다. 이 말을 들

으면 백아는 "아아, 정말 자네의 듣는 귀는 대단하군. 자네의 마음은 내 맘 그대로가 아닌가" 하고 말했다. 두 사람은 그만 큼 서로가 마음이 맞는 친구였다. 그로부터 얼마 후 종자기가 병을 얻어 죽자 백아는 거문고 줄을 끊어 버리고 다시는 거문 고를 타지 않았다. 이제 이 세상에는 자신의 음악을 알아주는 진정한 친구가 없어졌기 때문이다. 이렇게 종자기처럼 백아의 음악을 이해하고 알아주는 진정한 우정을 지음(知音)이라고도 한다.

백 척 간 두
百尺竿頭 대단히 위태로운 지경.

백 해 무 익
百害無益 온갖 해로움만 있을 뿐 이로움은 조금도
없음.

백 홍 관 일
白虹貫日 흰 무지개가 해를 뚫음은 나라에 난리가 날
징조라는 뜻. 정성이 하늘을 감동시킨 징조
라는 의미로도 쓰임.

벌 제 위 명
伐齊爲名 어떤 일을 하는 체하나 실제로는 딴 짓을 함을
가리키는 말. 또는 유명 무실함을 이르는 말.

법 원 권 근
法遠拳近 법은 멀고 주먹은 가깝다는 말.

벽 창 우
碧昌牛 고집 세고 무뚝뚝한 사람. 평안북도 벽동(碧
潼)·창성(昌城)에서 나는 크고 억센 소. 벽
창호(碧昌-).

변 화 무 쌍
變化無雙 비할 데 없이 변화가 많거나 심함. 조금도 같
은 것이 아닌 다른 것으로 변함.

병 가 상 사
兵家常事
전쟁의 승패는 흔히 있는 일이니 낙심할 것 없다는 뜻.

병 상 첨 병
病上添病
앓는 중에 또 다른 병이 겹쳐 일어남. 엎친 데 덮친다는 말의 비유.

병 주 고 향
竝州故鄕
중국 당나라 가도(賈島)란 사람이 병주에 오래 살다가 떠날 때 한 말로서 오래 살던 타향을 고향에 견주어 일컫는 말. 곧 제2의 고향이라는 뜻.

복 거 지 계
覆車之戒
앞의 수레가 뒤집어지는 것을 보고 뒤의 수레가 미리 경계하여 뒤집어지지 않도록 한다는 뜻. 앞사람의 실패를 거울삼아 뒷사람은 경계하라는 말.

복 고 여 산
腹高如山
부자의 교만스러움을 형용하는 말. 또는 배가 산같이 나왔다는 뜻으로 임신한 여자의 부른 배를 형용하는 말.

복 과 재 생
福過災生
복이 너무 지나치면 도리어 재앙이 생김.

복모구구
伏慕區區 '삼가 사모하는 마음이 그지없습니다'의 뜻
으로 편지에 쓰는 말.

복배지수
覆盃之水 엎지른 물이란 뜻으로 다시 수습하기 곤란할
때 쓰는 말.

복수불수
覆水不收 엎지른 물은 다시 그릇에 담을 수 없다는 뜻.
복수난수(覆水難水).

복용봉추
伏龍鳳雛 엎드려 있는 용과 봉황의 새끼. 제갈량과 방
통을 이름.

본연지성
本然之性 송유(宋儒)의 학설로서 모든 사람이 지닌 본
래의 착한 성품.

본지백세
本支百世 일가가 오래도록 번영을 누림.

봉린지란
鳳麟芝蘭 봉황, 기린과 같이 잘난 남자와 지초, 난초와
같이 어여쁜 여자라는 뜻. 젊은 남녀의 아름
다움을 표현하는 말.

奉命使臣 ^{봉 명 사 신}
임금의 명령을 받들고 남의 나라로 가는 사신.

蜂房水渦 ^{봉 방 수 와}
벌집에 벌이 모여들고 소용돌이에 물이 모여 들듯이 많이 모여들음.

蜂蟻君臣 ^{봉 의 군 신}
하찮은 개미나 벌에게도 임금과 신하의 구별이 있다는 말.

婦姑勃谿 ^{부 고 발 계}
며느리와 시어머니가 서로 싸우는 것을 말함.

富貴生驕奢 ^{부 귀 생 교 사}
사람이 부귀를 누리게 되면 교만하고 방탕한 생활에 빠지기 쉽다 는 말.

富貴在天 ^{부 귀 재 천}
사람의 부귀는 인력으로 되는 것이 아님.

附驥尾 ^{부 기 미}
못난 선비가 훌륭한 선비 덕분에 그 이름을 떨친다는 말. 파리가 말 꽁지에 붙어 천리 길을 간다는 말.

部得要領 ^{부 득 요 령}
요령을 잡을 수 없음. 요령은 여러 가지 해석이 있는데 요는 요(腰)·허리를, 영은 목덜미라는 것이 그 하나다. 또 하나는 옷의 허리와 깃을 뜻하는 것으로 주요한 점이라는 뜻에는 모두가 변함이 없다.

父母俱存
_{부 모 구 존}

父母俱存 부모가 다 살아 계심.

_{부 복 장 주}

剖腹藏珠 이익을 위하여 자기 몸을 해치는 일은 하지 말라는 뜻.

_{부 부 자 자}

父父子子 아버지는 아버지 노릇을 하고 아들은 아들 노릇을 함. 서로 본분을 지킨다는 말.

_{부 불 삼 세 - 빈 불 삼 세}

富不三世-貧不三世 부자가 삼대까지 잘 살기만 하는 것도 아니며, 가난하다고 하여 삼대까지 못살지 않는다는 뜻.

_{부 생 여 몽}

浮生如夢 인생은 항상 허무한 꿈과 같음을 이르는 말.

_{부 석 입 해}

負石入海 돌을 지고 바다에 뛰어들다. 자기 뜻을 세상에 베풀지 못함을 비관하여 돌을 짊어지고 바다로 뛰어들어갔다는 고사.

負薪入火 부신입화
섶을 지고 불로 들어간다는 말. 자살 행위나
마찬가지라는 뜻.

父傳子傳 부전자전
그 아버지에 그 아들. 아버지를 닮음을 비유.

不足懸齒牙 부족현치아
말할 정도의 것이 못된다는 뜻.

富則多事 부즉다사
돈이나 재물이 많으면 귀찮은 일이 많음.

不知輕重 부지경중
물건의 무게를 모른다는 뜻으로 판단을 그르
친다는 뜻.

不知其數 부지기수
너무 많아서 그 수효를 알 수가 없음.

不知不覺 부지불각
알지 못하는 것은 깨닫지를 못함.

不知肉味 부지육미
어떤 한 가지 일에 깊이 빠져들어 다른 일은
모른다는 뜻.

夫唱婦隨 부창부수
남편의 주장에 아내가 따라감. 부부가 서로
화합하는 것을 말함.

부탕도화
赴湯蹈火 물불을 가리지 않고 뛰어들다. 곧 목숨을 내놓고 일함.

부화뇌동
附和雷同 남들의 의견을 자신의 식견 없이 그대로 따르거나 덩달아서 같이 행동함을 이르는 말.

분골쇄신
粉骨碎身 죽을 힘을 다하여 애씀.

분신미골
紛身靡骨 몸이 가루가 되게 하고 뼈를 부스러뜨린다는 뜻. 모든 정성과 힘을 다 한다는 말.

불가사야
不可赦也 용서할 수 없다는 말로서 천벌을 받는다는 뜻.

불가초서
不暇草書 한자 초서를 쓸 때는 획과 점을 일일이 쓰지 않으나 이것마저 쓸 틈이 없으니 대단히 바쁨을 이름.

불가항력
不可抗力 사람의 힘으로는 어찌할 수 없는 것.

불감생심
不敢生心 힘에 부쳐서 감히 할 생각도 내지 못함. 불감생의(不敢生意).

불 감 폭 호
不敢暴虎
맨 주먹으로 호랑이를 치지 않는다는 말이니 모험을 하지 않는다는 뜻.

불 고 염 치
不顧廉恥
염치를 돌아보지 않음.

불 근 지 론
不根持論
나무에 뿌리가 없음과 같이 근거 없는 지론을 말함.

焚書坑儒

분 서 갱 유

불사를 분 글 서 구덩이 갱 선비 유

서적을 불태우고 선비들을 생매장한다는 말로, 진시황(秦始皇) 34년 학자들의 정치비평을 금하기 위하여, 민간의 의약(醫藥)·복서(卜筮)·종수(種樹) 이외의 서적을 모두 불살라 버리고, 이듬해에는 유생(儒生)들을 구덩이에 묻어 죽인 일.

진시황이 주연을 베풀었을 때 주청신(周靑臣)과 순우월(淳于越)이 진시황 앞에서 대립된 의견을 놓고 싸웠다. 이런 태도는

150

고전으로 배우는 지혜 **고사성어**

임금의 권위를 떨어뜨리고 당파를 조성하는 결과를 가져오게 되므로 이를 금해야 한다는 주장에 의해 구체적으로 안이 만들어졌다.

실용적인 도서 이외에는 모두 모아 태워 없앤 것이 분서(焚書)요, 또 정부를 비난하는 유생들을 구덩이 파묻어 죽인 것이 갱유(坑儒)이다.

불망지은
不忘之恩 잊지 못할 은혜.

불문곡직
不問曲直 옳고 그름을 묻지 않음.

불문마
不問馬 말(馬)에 대해서는 묻지 말라는 뜻으로 인명
이 귀중하다는 말.

불분동서
不分東西 동서를 분별 못한다는 뜻. 어리석어 사리를
분간 못함을 이름.

불분상하
不分上下 위와 아래도 분간하지 못함.

불성인사
不省人事 정신을 잃고 의식을 모름.

불세지웅
不世之雄 세상에 드물게 나타난 영웅을 뜻함.

불역지론
不易之論 달리 고칠 수 없는 바른 이론.

불역지전
不易之典 변경할 수 없는 규정.

불요불굴
不搖不屈 마음이 굳세어 흔들리지도 않고 굽히지도 아

니함.

불원천리
不遠千里 천리를 멀다 여기지 아니함.

불원천불우인
不怨天不尤人 자기의 뜻이 시대와 사회에 맞지 않
더라도 하늘이나 다른 사람을 원망하지 않고,
늘 반성하여 발전과 향상을 도모한다는 뜻.

불이인폐언
不以人廢言 명언이면 말한 사람의 신분이 낮다 할지
라도 결코 버려서는 안된 다는 말.

불인견
不忍見 차마 볼 수 없음.

불입호혈부득호자
不入虎穴不得虎子 위험을 무릅쓰지 않고는 큰
이익을 얻을 수 없다는 말. 호랑이 굴에 들어
가야 호랑이 새끼를 잡는다.

불철주야
不撤晝夜 밤낮을 가리지 않고 일에 힘씀.

불치하문
不恥下問 손아래 사람이나 자기보다 못한 사람에게 묻
는 것을 부끄러워하지 않음.

불행중다행
不幸中多幸 불행한 일 중에 그래도 잘된 일.

불 혹
不惑 공자(孔子)가 40세에 이르러서 세상 일에 미혹(迷惑)하지 않게 되었다는 데서 나온 말. 마흔 살.

붕정만리
鵬程萬里 앞길이 매우 멀고도 큼. 상상 속의 매우 큰 새로 붕의 갈 길은 수만 리라는 뜻이다. 보통 사람으로는 감히 생각도 못하는 원대한 희망이나 큰 사업 계획을 비유하는 말이다.

북해(北海)에 엄청나게 큰 곤(鯤)이라는 물고기가 산다는 전설이 있다. 이 곤이 변해서 붕(鵬)이란 이름의 큰 새가 되는데 이 새가 날면 하늘 전체를 뒤덮는 듯했으며, 바람을 타고 북해 끝에서 남해 끝까지 난다고 한다.

작은 물새들은 9만리나 나는 붕을 비웃으며 "저 붕이란 녀석은 도대체 어디까지 날아가려고 하는 걸까? 우리들은 멀리 날지 못해도 충분히 즐겁게 날아다니며 사는데 저 붕은 어디까지 날아갈 작정이지?" 하고 말했다.

소인은 군자의 위대한 마음이나 행동을 알

수가 없다는 말이다.

卑己而尊人 _{비 기 이 존 인} 내 자신을 낮추고 다른 사람을 존경하는 것.

非禮勿視 _{비 례 물 시} 예의에 어긋나는 일은 보지를 말라는 뜻.

悲憤慷慨 _{비 분 강 개} 슬프고 분하여 마음이 북받쳐 한탄함.

備嘗艱苦 _{비 상 간 고} 온갖 고생을 고루고루 맛봄.

非一非再 _{비 일 비 재} 한 두 번이 아님.

飛入火夏蟲 _{비 입 화 하 충} 날아서 불로 뛰어드는 여름 벌레라는 말. 죽는 줄도 모르고 뛰어 든다는 말.

脾胃難定 _{비 위 난 정} 비위가 뒤집혀 가라앉히기 어렵다 함이니 매우 보기 싫은 일을 당하여 그것을 참지 못하고 그대로 내색한다는 말.

肥肉之嘆

비 육 지 탄

넓적다리 비 고기 육   의 지 탄식할 탄

오랫동안 말을 타지 않았기 때문에 살이 쪘다는 탄식이다. 영웅이 전쟁에 나가지 못하고 부질없이 세월만 보내며 공을 세우지 못함을 탄식한 말이다.

전에는 한시도 몸이 말안장을 떠나지 않아 넓적다리에 도무지 살이 없더니, 이제는 오랫동안 말을 타지 않으니 살이 쪘구나. 세월은 덧없이 가며 늙어만 가는데 공과 업적을 쌓지 못하니 이것이 슬프도다.

156
고전으로 배우는 지혜 **고사성어**

유비(劉備)는 인품과 용맹을 떨쳐 주목을 받았으나 조조(曹操)의 간계로 여포와 원술의 합동 공격을 받고 힘에 부쳐 쫓겨 전전하다가 끝내는 형주(荊州)의 유표(劉表)에게 몸을 의탁하고 살았다.

어느 날 유표가 술자리를 마련하여 유비를 불렀다. 유비는 술을 마시다가 무심코 자신의 넓적다리를 보자 살이 많이 찐 것을 알고는 자신의 처지가 한심해서 저도 모르게 눈물이 나왔다.

유표가 그를 쳐다보며 물었을 때 대답한 말이다. 문자 그대로 비육지탄이었던 것이다.

牝鷄司晨 (빈계사신) 여자가 남편을 업신여겨 집안 일을 마음대로
처리함. 암탉이 울어 때를 알린다는 뜻으로
음양의 이치가 바뀌어 집안이 망할 징조라는
뜻이다.

貧寒所致 (빈한소치) 가난 때문에 그렇게 됨.

氷炭間 (빙탄간) 얼음과 숯의 차이 정도로 둘이 서로 어긋나
맞지 않음을 이르는 말.

사 계
四計

하루의 계획은 새벽에 있고, 한 해의 계획은 봄에 있고, 일생의 계획은 부지런함에 있고, 한 집안의 계획은 화목함에 있다는 사람의 네 가지 계획.

사 고
四苦

사람이 지닌 생고(生苦), 노고(老苦), 병고(病苦), 사고(死苦)의 네 가지 괴로움.

사 고 무 인
四顧無人

주위에 아무도 없어 쓸쓸함.

사 고 무 친
四顧無親

사방을 둘러봐도 의지할 만한 사람이라고는 도무지 없음.

사 기 포 서
使驥捕鼠

천리를 달리는 말에게 쥐를 잡게 한다는 말로 사람을 적재적소에 쓸 줄 모르는 것을 비유함.

四面春風 ^{사 면 춘 풍} 항상 좋은 얼굴로 남을 대하여 누구에게나
호감을 삼.

四 面 楚 歌

넉 사   겉 면   초나라 초   노래 가

사방에서 초나라의 노래가 들린다는 뜻으로 적에게 완전히 포위 당하여 어느 누구의 도움도 받을 수 없는 고립된 상태에 빠진 것을 말한다.

초(楚)왕 항우는 한(漢) 나라 유방의 군사에게 포위당했다. 항우의 진영은 식량도 떨어지고 군사들도 사기가 떨어지고 말았다. 유방은 적을 얕보지 않고 살상을 피하기 위해 강공책을 쓰지 않기로 했다. 이때 한나라 장량(張良)이 꾀를 내어 한밤중에 초나라 노래를 부르게 했다. 전쟁터에서 고향의 노래를 들

은 초나라 군사들은 더욱 전의를 상실하게 되었다. 항우는 사방에서 초나라 노랫소리가 들리자 크게 놀랐다. '초나라 백성들이 이미 한나라에게 항복했단 말인가?' 모든 게 끝났다고 생각한 항우는 총애하는 절세의 미인 우희와 슬픈 감정을 즉흥시로 노래를 불렀다.

力拔山兮氣蓋世 _{역 발 산 금 기 개 세} 힘이 산을 뽑으며 기는 세상을 덮는도다

時不利兮騅不逝 _{시 불 리 금 추 불 서} 때는 불리하고 추(말)도 달리지 않도다

騅不逝兮可奈何 _{추 불 서 금 가 나 하} 추가 달리지 않으니 어찌할 것인가

虞兮虞兮奈若何 _{우 금 우 금 나 약 하} 우희야 우희야 너는 어찌할 것인가 항우가 한탄하며 반복해서 노래하자 우희도 이별의 슬픔으로 애절하게 따라 불렀다. 그리고 이렇게 받아 넘겼다.

"한나라 군사들은 이미 초나라 땅을 차지해 사방에서 초나라 노랫소리가 들려오고, 대왕은 의기를 잃었으니 미천한 계집이 어이 구차하게 살기를 바라리요."

그날 밤 항우는 군사 800여 명을 이끌고 간신히 한나라 군사들의 포위망을 뚫고 탈출에 성공했지만 이미 천하의 대세는 한나라의 유방에게 기울어졌고, 항우는 고향을 향해 일

단 오강(烏江)까지 달려가긴 했으나 패장으로서 돌아가는 것을 부끄럽게 생각해 자결하고 말았다.

四分五裂 사 분 오 열
넷으로 나뉘고 다섯으로 쪼개짐. 여러 갈래로 찢어진다는 말.

死不瞑目 사 불 명 목
죽어서도 눈을 편히 감지 못함. 한이 맺혀 죽어서도 눈을 감지 못함.

事事如意 사 사 여 의
일마다 뜻과 같이 됨.

沙上樓閣 사 상 누 각
모래 위의 누각. 어떤 일이나 사물의 기초가 견고하지 못하다는 뜻.

死生決斷 사 생 결 단
죽음을 각오하고 대들어 끝장냄.

四書五經 사 서 오 경
사서는 중국의 고전인 칠서 중의 네 가지 책. 즉 논어, 맹자, 중용, 대학으로 송(宋) 나라의 주자(朱子)가 하나의 학문적 체계 밑에서 찬정(撰定)한 유교의 필수서임. 오경은 유학(儒

學)에서 성인의 술작(述作)으로 존중되는 다
섯 가지 경서로 시경, 서경 주역, 예기, 춘추.
삼경은 시경, 서경, 주역을 말한다.

사 시 장 청
四時長青 소나무나 대나무와 같이 잎이 일년 내내
푸름.

사 이 비
似而非 겉으로 보기에는 비슷한 것 같으나 속은 아
주 다름. 사시이비(似是而非).

사 이 후 이
死而後已 죽은 후에야 그만 둠. 살아 있는 한 끝까지
한다는 말.

蛇 足

사 족

뱀 사   다리 족

화사첨족(花蛇添足)의 준말로, 뱀을 그리는데 실물에는 없는 발까지 그려 넣는다는 뜻으로, 하지 않아도 될 쓸 데 없는 일을 하다가 도리어 일을 그르친다는 말.

초(楚) 나라의 영윤(令尹; 초나라의 관직명) 소양(昭陽)은 위(魏) 나라를 쳐서 승리하자 다시 군대를 이동시켜 제(齊) 나라를 공격하고자 했다. 위급해진 제나라가 진진(陳軫)을 초나라에 보내 소양을 설득할 때 나온 말이다.

"술이 한 그릇뿐이 없어 여러 사람이 술 한 그릇을 놓고 뱀을 먼저 그린 사람이 모두 마시기로 내기를 했습니다. 그 중에 한 사람이 제일 먼저 뱀을 그려 놓고는 자신은 시간이 남아 뱀의 발까지도 그려 넣으며 자랑했습니다. 그리고는 자신이 제일 먼저 그렸다며 술그릇을 들었습니다. 그러자 옆에 있던 사람이 뱀을 다 그리고 나서 그의 술그릇을 빼앗으며, '뱀은 원래 발이 없는데 당신은 어째서 발을 그리는가. 이건 뱀이 아니네' 하고 술을 마셔 버렸습니다.

당신은 지금 위나라를 공격하여 여러 성을 빼앗아 명성이 이미 높아졌습니다. 그런데 또 군사를 이동시켜 제나라를 공격하려고 하십니다. 싸워 승리를 하더라도 더 이상 올라갈 관직은 없지 않습니까. 결국 뱀을 그리고 다리까지 그리는 것과 같습니다."

진진의 말이 옳다고 생각한 소양은 군대를 철수해 돌아갔다.

사 중 구 활
死中求活
죽을 지경에서 한 가닥 살길을 찾음. 사중구
생(死中求生).

사 지
四知
세상에 비밀이 없다는 말. 두 사람만의 비밀
이라도 하늘과 땅 그리고 두 관계자는 알고
있어 언제고 남에게 알려진다는 말.

사 통 오 달
四通五達
사방으로 막힘 없이 통함.

사 필 귀 정
事必歸正
무슨 일이든지 결국은 올바른 이치대로 되고
만다는 뜻.

사 후 청 심 환
死後淸心丸
죽은 후에는 아무리 좋은 약이 있어도
소용없다는 말. 무슨 일이나 시기를 놓치면
안된다는 뜻.

사 후 약 방 문
死後藥方文
이미 일이 다 끝났으므로 아무 소용이
없다는 말.

산 자 수 명
山紫水明
산색이 아름답고 물이 맑음. 산수의 경치가
썩 좋다는 말.

산 전 수 전
山戰水戰 세상의 온갖 고생과 어려움을 다 겪어봤다는
　　　　　말.

산 해 진 미
山海珍味 산과 바다의 산물을 다 갖추어 아주 잘 차린
　　　　　진귀한 음식.

殺 身 成 仁

죽일 살 몸 신 이룰 성 어질 인

절개를 지켜서 목숨을 버림. 자기 몸을 희생하여 인(仁)을 이룩한다는 뜻으로 몸을 바쳐 올바른 일을 행하는 것을 말한다.

자왈 지사인인 무구생이해인 유살신이성인

子曰 志士仁人 無求生以害仁 有殺身以成仁

공자께서 말씀하시기를 참된 인간이 되고자 하는 선비와 인자(仁者)는 삶을 구하고자 인(仁)을 해치는 일이 없고 몸을 죽여 인을 이루느니라고 하였다.

공자는 진리라고 믿는 것 앞에서는 스스로 목숨을 걸고서라도 결의를 다짐한다는 뜻으로 풀이하면 되겠다.

三 顧 草 盧

석삼 돌아볼고 풀초 집려

중국 삼국시대에 유비(劉備)가 세 번이나 제갈량(諸葛亮)을 찾
아가서 자기의 큰 뜻을 말하고 초빙하여 그를 군사(軍師)로 삼
았다는 고사에서 나온 말이다. 인재를 맞아들이기 위해서는 참
을성 있고 끈질기게 교섭하고 마음을 써야 된다는 말이다.

한(漢) 나라 말기 천하가 매우 어지러운 난세(亂世)에 유비는
함께 상의하고 일할 만한 인재를 찾고 있었다.

그때 서서(徐庶)와 사마휘(司馬徽)가 학식이 풍부하고 재능이
뛰어나며 덕망이 높은 제갈 공명(諸葛孔明)을 추천했다.

유비는 중신들을 대동하고 와룡강(臥龍江)에 은거하고 있던
제갈 공명을 찾아가 자기를 도와 한나라 왕실의 부흥을 위해
일해 줄 것을 청하려고 했다. 그러나 마침 제갈 공명은 외출해
서 만날 수가 없었다.

얼마 후 유비는 다시 제갈 공명을 찾아갔으나 역시 집에 없었
다. 유비는 할 수 없이 편지를 남겨 놓고 발길을 돌렸다.

세 번째로 유비는 다시 제갈 공명의 집을 찾아갔다. 이때 마침
제갈 공명은 낮잠을 자고 있었는데 유비는 그가 잠에서 깰 때
까지 밖에서 기다렸다.

유비를 만난 제갈 공명은 결국 그의 정성에 감동하여 유비의

뜻에 따라 한나라 부흥을 위해 그의 군사가 되었다는 고사에서 나온 말이다.

삼라만상
森羅萬象 우주의 온갖 사물과 모든 현상.

삼십육계
三十六計 많은 계책 중에서도 도망가야 할 때는 기회
를 보고 도망가서 몸을 안전하게 하는 일이
병법상의 최상책이라는 뜻. 싸움에 졌을 때
는 아무 꾀도 부리지 말고 달아나 도망가는
것이라는 말. 삼십육책, 주위상계(三十六策,
走爲上計)

삼인성시호
三人成市虎 거리에 호랑이가 나왔다고 여러 사람이
다 함께 말하면 거짓말이라도 참말로 듣는다
는 말. 근거 없는 말이라도 여러 사람이 말하
면 곧이 듣는다는 뜻. 삼인성호(三人成虎).

삼인행필유아사
三人行必有我師 세 사람이 어떤 일을 행할 때는
반드시 스승으로서 배울 만한 사람이 있다는
뜻으로 사람이 많이 모인 곳에는 반드시 본
받을 만한 사람이 있다는 말.

상가지구
喪家之狗 상가집 개. 궁상맞은 초라한 모습으로 이곳
저곳 기웃거리며 얻어먹을 것을 찾아다닌다

는 말.

相思不見 (상사불견) 남녀가 서로 그리워하면서도 보지 못함.

上山求魚 (상산구어) 산 위에서 물고기를 구함. 당치않은 데 가서 엉뚱한 것을 원함.

桑田碧海 (상전벽해) 뽕나무밭이 푸른 바다로 변한다는 뜻이니, 곧 세상 모습이 몰라볼 정도로 변함을 말한다. 상전변성해(桑田變成海).

上濁下不淨 (상탁하부정) 윗물이 흐리면 아랫물도 흐리다. 윗물이 맑아야 아랫물도 맑다는 말.

上下撑石 (상하탱석) 윗돌을 빼서 아랫돌을 괴고, 아랫돌을 빼서 윗돌을 굄. 임시변통으로 이리 저리 버티는 일.

上行下校 (상행하교) 윗사람이 하는 행동을 아랫사람이 본받음.

生口不網 (생구불망) 산 입에 거미줄 치랴. 굶어 죽지는 않으리라는 말.

생 면 부 지
生面不知 한 번도 만나본 일이 없어 도무지 모르는
사람.

생 불 여 사
生不如死 몹시 어려운 지경에 빠져서 사는 것이 죽느
니만 못하다는 뜻.

생 살 여 탈
生殺與奪 살리고 죽이고, 주고 뺏고 마음대로 하는
권력.

생 이 지 지
生而知之 배우지 아니하여도 스스로 통해 안다는 뜻.

생 자 필 멸
生者必滅 생명이 있는 것은 빠름과 늦음의 차이는 있
어도 반드시 죽음에 이른다는 말.

생 존 경 쟁
生存競爭 살기 위해서 서로 경쟁하는 것.

塞翁之馬

변방 새　할아버지 옹　의 지　말 마

회남자(淮南子) 인간훈(人間訓)에 나오는 고사. 인간 만사의 길흉
화복(吉凶禍福)은 변화무쌍하여 예측할 수가 없다는 말이다.

중국 북방 변새(邊塞)에 새옹이라는 노인이 살고 있었다. 그런
데 하루는 이 노인이 기르던 말이 이유 없이 오랑캐 땅으로 넘
어가 버렸다. 이 사실을 안 마을 사람들이 위로하자 노인은
"이것이 뜻밖에 복이 될 수도 있다"고 하였다.

몇 달 뒤 그 말은 오랑캐의 좋은 말들을 몰고 집으로 돌아왔다. 이에 마을 사람들이 축하하자 노인은 "이것이 뜻밖에 화가 될 수도 있다"고 하였다.

그 노인의 아들이 말타기를 좋아하여 오랑캐 땅에서 온 말을 타다가 떨어져 다리가 부러졌다. 마을 사람들이 위로하자 노인은 "이것이 뜻밖에 복이 될 수도 있다"고 하였다.

그 후 다시 일년 뒤 오랑캐가 변방으로 쳐들어오자 젊은이들이 병사로 뽑혀 나가 전쟁터에서 대부분 죽음을 당했지만, 이 노인의 아들만은 다리를 다쳤기 때문에 전쟁터에 끌려가지 않아 죽음을 면할 수 있었다.

인생의 길흉화복(吉凶禍福)은 항시 바뀌어 그 변화를 예측하기 어렵다는 말이다.

書不可盡信 서 불 가 진 신
서적에 기록되어 있다고 해서 무조건 믿어서는 안된다는 뜻.

鼠竊狗偸 서 절 구 투
좀도둑은 쥐와 개 같은 놈이라는 뜻.

席藁待罪 석 고 대 죄
거적을 깔고 엎드려 벌을 기다림.

先見之明 선 견 지 명
일이 생기기 전에 미리 알아차리는 밝은 지혜.

善男善女 선 남 선 녀
착한 남자와 착한 여자. 불교에서 불법에 귀의(歸依)한 남자와 여자.

善游者溺 선 유 자 익
헤엄 잘 치는 사람이 물에 빠져 죽기 쉽다는 말. 재주 많은 사람이 그 재주를 믿고 지나친 행동을 하다가 화를 입는다는 말.

先卽制人 선 즉 제 인
남보다 앞질러 일을 하면 남을 제압할 수 있다는 말.

舌芒於劍 설 망 어 검
혀가 칼보다 날카롭다는 말.

섬 섬 옥 수
纖纖玉手 가냘프고 고운 여자의 손.

성 년 부 중 래
盛年不重來 젊은 시절은 다시 오지 않는다는 말.

성 자 필 쇠
盛者必衰 한 번 성한 자는 반드시 쇠할 때가 온다는 뜻.

세 무 십 년
勢無十年 세도가 십년을 가지 못한다는 뜻.

소 문 만 복 래
笑門萬福來 웃는 집에 온갖 복이 옴.

소 심 익 익
小心翼翼 세심하게 마음을 써서 삼간다는 뜻.

소 인 한 거 위 불 선
小人閑居爲不善 남이 보지 않는 곳이나 혹은 남
이 모르는 경우 소인은 그 본성이 나타나 좋
지 않은 행동을 한다는 말.

소 탐 대 실
小貪大失 작은 이익을 탐하다가 큰 손실을 봄.

송 구 영 신
送舊迎新 묵은 해를 보내고 새해를 맞음.

쇄 신 분 골
碎身粉骨 몸이 부서지고 뼈가 가루가 되다시피 애쓰고

힘씀. 분골쇄신(粉骨碎身).

수 구 여 병
守口如瓶 비밀을 잘 지켜서 남에게 알리지 아니함을
일컫는 말.

수 구 초 심
首邱初心 고향을 그리워하는 마음을 일컫는 말.

고 지 인 유 언　　　왈 호 사 정 구 수 인 야
古之人有言　曰狐死正丘首仁也

옛사람이 말하길 여우도 죽을 때에는 머리를
자기가 살던 굴 쪽으로 향한다고 하였다.
여우는 구릉에 굴을 파고 사는데 돌아다니다
가 죽음을 맞게 되면 머리를 자기가 살던 구
릉 쪽으로 두고 죽는다. 죽을 때가 되면 고향
으로 회귀하려는 동물의 본성을 나타낸 말이
다.

宋襄之仁

송나라 송 도울 양   의지   어질 인

중국 송(宋) 나라 양공(襄公)이 베푼 자애라는 뜻으로 쓸 데
없이 너무 착하기만 하여 필요 없는 동정을 베푼다는 말.

춘추시대 송나라에서 양공(襄公)이 왕의 자리에 오른 지 얼마
되지 않아 전쟁이 일어났다.

양공이 인솔하는 군사는 초군(楚軍)과 홍수(泓水) 근처에서 싸
우게 되었다. 미처 포진을 못한 초군이 겨우 강을 건너기 시작
했다. 이 광경을 본 목이(目夷)라는 장군이 말했다.

"초나라 군은 강하고 아군은 약하므로 정면으로 충돌하면 불

리하니 적이 강을 건너기 전에 공격을 해야 합니다."

그러나 양공은 듣지 않았다. 그 틈에 초군은 강을 건너서 진영을 정비하기 시작했다. 여기서 다시 목이 장군이 공격을 하자고 주장했으나 양공은 그래도 공격 명령을 내리지 않았다. 전투를 해도 비겁하게 싸우지는 않겠다는 것이 양공의 생각이었기 때문이다.

초군이 전열을 정비한 다음 공격을 가하기 시작했으니 결과는 송군의 참패였다. 양공 자신도 화살을 맞아 결국 죽고 말았다.

수 락 석 출
水落石出 물이 말라서 밑바닥의 돌이 드러나는 일.

수 복 강 녕
壽福康寧 오래 살고 행복하고 건강하고 마음이 평안함.

수 불 석 권
手不釋卷 손에서 책을 놓지 않고 항상 글을 읽음.

수 서 양 단
首鼠兩端 어떤 일을 할 때 머뭇거리며 진퇴·거취를 결정짓지 못하고 관망하는 상태.

수 석 침 류
漱石枕流

침석수류(枕石漱流; 돌을 베개로 하고 냇물로 양치질한다) 말해야 될 것을 수석침류(漱石枕流)라고 잘못 말한 것을 변명한 고사에서 나온 말로 억지가 셈을 일컫는다.

진(晋) 나라 초기 손초(孫楚)라는 사람이 있었는데 그가 젊었을 때 속세를 떠나 산중에 은신하기로 작정하고 친구에게 이 사실을 이야기할 때 침석수류(枕石漱流)라고 해야 할 것을 수석침류(漱石沈流; 돌로 양치질하고 물로 베개를 삼는다)라고 잘못 말한 것이다. 이 말을 들은 친구가 잘못 말한 것을 지적하자 손초는 억지 변명을 했다.

"(물)흐름을 베개로 한다는 것은 쓸 데 없는 소리를 들었을 때 귀를 씻으려고 하는 것이고, 돌로 양치질한다는 것은 이를 닦는다는 뜻일세."

袖手傍觀 수 수 방 관
팔짱을 끼고 보고만 있다는 뜻으로 조금도 도와주지 않고 그냥 옆에서 보고만 있음을 뜻함.

修身齊家 수 신 제 가
심신을 닦고 집안을 다스림.

水深可知人心難知 수 심 가 지 인 심 난 지
열길 물 속은 알아도 사람의 마음 속은 헤아리기 어렵다는 말.

水魚之交 수 어 지 교
물이 있어야 물고기가 살 수 있는 것과 같이 서로 떨어질래야 떨어질 수 없는 아주 친밀한 사이를 뜻한다. 친한 친구 사이를 말할 때도 쓰인다.
한(漢)의 유비(劉備)가 제갈 공명을 와룡강으로 세 번이나 찾아가 군사로 삼으려 했을 때 관우와 장비가 못마땅하게 생각했을 때 유비가 말했다.

"내게 제갈 공명이 있는 것은 물고기가 물 속에 있는 것과 같으니 부디 그대들은 다시는 거론하지 말라."

여기서 수어지교하면 주군과 그 신하의 끊을래야 끊을 수 없는 사이를 뜻한다.

수 어 지 우
水魚之友 물과 고기의 관계처럼 뗄 수 없이 친한 교분.

수 어 혼 수
數魚混水 몇 마리의 고기가 물을 흐린다 함이니 소수의 행위로 인하여 여럿이 해를 입을 때를 말함.

수 오 지 심
羞惡之心 불의를 부끄러워하고 남의 착하지 못함을 미워하는 마음.

수 원 수 구
誰怨誰咎 남을 원망하거나 책망할 것이 없음.

수 적 성 천
水積成川 물이 모이면 내를 이룬다는 말.

수 주 대 토
守株待兎 나무그루 밑에서 토끼가 오면 잡으려고 기다린다는 뜻으로 어떤 일에 미련하게 집착하여 융통성이 없는 것을 말한다.

옛날 송(宋) 나라의 한 농부가 밭을 갈고 있었다. 밭 가에는 나무그루터기가 있었는데, 토끼가 뛰어가다가 그루터기에 부딪혀서 목이 부러져 죽었다. 농부는 하던 일을 그만두고 매일 그루터기를 지키면서 힘 안들이고 또다시 토끼를 잡으려고 했으나 다시는 토끼가 와서 부딪혀 죽지를 않았다. 결국 농부는 세상의 웃음거리가 되고 말았다.

水清無大魚 (수청무대어) 너무 맑은 물에는 큰 고기가 살지 않는다는 말.

熟能生巧 (숙능생교) 기교는 능숙하게 단련하는 데서 이루어진다는 말.

菽麥不辨 (숙맥불변) 콩과 보리는 모양이 분명히 다른 데도 분간 못한다는 말. 어리석음을 비유.

順且無事 (순차무사) 아무 걱정 없이 잘 되어감.

述而不作 (술이부작) 전에 있었던 일을 말하고 있는 것으로 새로 창안한 것이 아니라는 말. 논어 술이편(述而

篇)에 나오는 말이다.

崇祖尚門 (숭조상문) 조상을 숭배하고 문중을 위함.

乘勝長驅 (승승장구) 싸움에서 이긴 기세를 타고 휘몰아치는 일. 거리낌없이 이겨 나아감.

乘危涉險 (승위섭험) 위태롭고 험난함을 무릅씀.

是是非非 (시시비비) 여러 가지로 옳은 것은 옳다고 하고 그른 것은 그르다고 함.

時雍之政 (시옹지정) 세상을 화평하게 다스리는 정치.

始終一貫 (시종일관) 처음부터 끝까지 한결같이 함.

識字憂患 (식자우환) 학식이 있는 것이 도리어 화를 가져온다는 말.

食指動 (식지동) 먹을 때만 움직인다는 말이니 식욕이 있다든가 사물에 대한 욕망을 느낄 때 쓰이는 말.

身外無物 (신외무물) 몸이 무엇보다도 가장 소중하다는 말.

脣亡齒寒

순 망 치 한

입술 순　없을 망　이 치　추울 한

입술이 없으면 이가 시리다는 말로 이해관계가 깊은 두 사람
중에 한 사람이 망하면 다른 한 사람도 같은 운명에 처하게
된다는 말이다.

춘추시대 진헌공(晉獻公)은 괵나라를 치려고 했으나 그러려면
우(虞) 나라를 지나가야만 했다. 그래서 우나라에 많은 뇌물을
보내어 길을 터줄 것을 청했다.

우공은 많은 뇌물과 감언에 유혹되어 진나라의 청을 받아들이

려고 하였다. 그러자 궁지기(宮之奇)라는 현명한 신하가 이를 적극 말리며 우공에게 간했다.

"괵나라는 우리나라와 한 몸과 같으므로 괵나라가 망하면 우리도 함께 망할 것입니다. 속담에도 덧방나무와 수레는 서로가 의지하고, 입술이 없으면 이가 시리다고 하는 말이 있습니다. 바로 우리나라와 괵나라를 두고 한 말입니다. 진(晉) 나라 군사들이 우리나라를 통과하게 해서는 절대로 안됩니다."

그러나 뇌물에 눈이 어두워진 우공은 궁지기의 말을 듣지 않았다. 결국 궁지기는 화가 미칠 것이 두려워 온가족을 이끌고 우나라에서 떠났다. 결국 얼마 안 있어 진나라는 괵나라를 공격하여 승리를 거두었고, 끝내는 우나라까지 공격해 들어와 우공은 포로 신세가 되어 후회했지만 이미 모든 것은 끝나고 말았다.

神人共怒 _{신 인 공 노}
발칙하기 짝이 없어 신과 사람이 함께 성을 냄. 천인공노(天人共怒).

新陳代謝 _{신 진 대 사}
생물체가 영양분을 섭취하고 노폐물을 배설하는 생리작용.

神出鬼沒 _{신 출 귀 몰}
귀신처럼 빠르고 자유자재로 나타나고 사라짐.

實事求是 _{실 사 구 시}
사실에 토대 하여 진리를 탐구하는 일. 문헌학적인 고증의 정확을 존중하는 과학적 및 객관주의적 학문 태도.

審交之詩 _{심 교 지 시}
사람을 사귈 때는 상대방을 자세히 살펴 택해야 한다는 것을 말한 시.

心機一轉 _{심 기 일 전}
어떠한 동기에 의하여 이제까지 먹었던 마음을 뒤집듯이 확 꿈.

十年減壽 _{십 년 감 수}
수명이 십 년이나 줄었다는 말로 심한 고생이나 큰 위험을 겪고 난 다 음에 쓰는 말.

십 년 지 기
十年知己 오래 전부터 사귀어 온 친구.

십 시 일 반
十匙一飯 열 사람의 밥에서 한 술씩만 보태면 한 사람
먹을 밥이 생긴다는 말로, 여럿이 힘을 합치
면 한 사람을 돕기는 쉽다는 말.

십 인 십 색
十人十色 사람이 생각하는 것이 저마다 다름을 일컫는
말. 각인각색(各人各色).

故事成語

고전으로 배우는 지혜 고사성어

아 비 규 환
阿鼻叫喚 지옥과 같은 지독한 고통을 못 견디어 울부
짖는 소리. 심한 참상을 형용하는 말.

아 전 인 수
我田引水 내 논에 물을 끌어들인다는 뜻. 자기에게 유
리한대로만 함.

악 목 불 음
惡木不蔭 나쁜 나무는 그늘도 없음. 나쁜 사람에게는
바랄 것이 없다는 말.

안 빈 낙 도
安貧樂道 가난한 형편에서도 안락한 마음으로 도를 지
키며 즐긴다는 뜻.

안 서
雁書 소식을 전하는 편지. 안신(雁信).

안 하 무 인
眼下無人 교만하여 사람을 업신여긴다는 말.

暗中摸索 _{암 중 모 색}
물건 등을 어둠 속에서 더듬어 찾음. 어림으로 일을 짐작함.

殃及池魚 _{앙 급 지 어}
다른 사람의 잘못으로 애매하게 화를 입는다는 말.

仰望不及 _{앙 망 불 급}
우러러 바라보아도 미치지 못함.

仰天大笑 _{앙 천 대 소}
하늘을 쳐다보고 크게 웃음.

仰天俯地 _{앙 천 부 지}
하늘을 우러러 보고 땅을 굽어 봄.

野人無歷日 _{야 인 무 력 일}
초야에 묻혀 살면 날짜 가는 줄도 모른다는 말.

藥房甘草 _{약 방 감 초}
한약에 대부분 들어가는 감초처럼 어떤 일에도 빠짐없이 참석하는 사람이나 꼭 필요한 물건을 이르는 말.

若涉春氷 _{약 섭 춘 빙}
얇은 얼음을 밟고 건너는 것 같이 대단히 위험함을 이름.

양 금 택 목
良禽擇木 좋은 새는 나무를 가려서 앉는다는 뜻. 사람
도 사귀고 의지할 친구는 덕이 있는 사람을
택해야 된다는 말.

양 수 집 병
兩手執餠 양 손에 떡을 쥐다. 어느 것을 선택해야 좋을
지 모름을 가리키는 말.

양 약 고 구
良藥苦口 몸에 좋은 약은 입에 씀.

양 양 대 해
羊羊大海 한없이 넓고 큰 바다.

양 호 유 환
養虎遺患 호랑이를 길러서 근심을 가진다는 말. 화근
을 길러서 걱정거리를 삼음.

양의 머리를 걸어 놓고 안에서는 개고기를 판다는 것으로, 겉
은 그럴 듯하고 보기 좋으나 속은 변변찮음을 이르는 말.

춘추시대 제(齊) 나라의 영공(靈公)은 여자에게 남장을 시켜
놓고 즐기는 괴벽이 있어서 궁 안의 모든 여자들에게 남장을
시켜놓고 그들과 어울려 놀기를 즐겨했다. 임금에 의해 시작
된 이러한 이상한 유행은 궁 밖 민간에까지 퍼져 나갔다.
이 소문을 들은 영공은 백성들에게 남장을 금지하라는 명령을
내리게 했다. 그러나 이러한 유행은 사라지지 않았다. 영공이

명재상 안자(晏子)에게 그 이유를 물으니 안자는 이렇게 대답했다.

"임금님께서 궁 안에서는 그러한 취미를 가지고 계시며 백성들에게만 금지시키는 것은, 밖에는 양의 머리를 걸어 놓고 안에서는 개고기를 파는 것과 같은 이치입니다."

안자의 말이 옳다고 깨달은 영공은 즉시 궁중에서도 여자들의 남장을 금지시켰다. 그러자 백성들도 따라하게 되어 나라 안에 남장한 여자가 없어지게 되었다.

이 말은 진열장에는 좋은 상품을 걸어 놓고 실제로 팔기는 나쁜 물건을 파는 행위를 가리키는 뜻이니 간판에 거짓이 있다는 것을 비유한 말이다.

梁上君子

대들보 양 윗 상 군자 군 아들 자

대들보 위의 군자라는 말로 도둑을 가리켜 한 말. 요즘은 쥐를 말할 때도 사용한다.

후한(後漢)의 진식(陳寔)이라는 사람이 있었는데 겸손하고 남의 괴로움을 잘 아는 올바른 성품의 소유자였다. 그가 태구현(太丘縣)을 다스리고 있던 어느 해에 흉년이 들어 백성들이 어려움을 겪고 있었다. 어느 날 밤 도둑이 몰래 그의 방에 들어와서 들보 위에 엎드려 있었다. 진식은 이미 눈치를 채고는 식구들을 불러놓고 훈계를 했다.

"무릇 착하지 못한 사람이라고 본래부터 악한 것이 아니라 행실이 습관이 되고 습관이 본성이 되어 나쁜 짓을 하게 되는 것이다. 지금 들보 위에 있는 군자가 바로 이에 해당하느니라."

이 말을 들은 도둑은 크게 감동되어 들보에서 뛰어 내려와서 방바닥에 머리를 조아리고 벌을 받기를 자청했다. 그러나 진식은 "자네의 모습을 보니 본래가 나쁜 사람 같지는 않네. 분명 가난 때문에 한 짓이겠지"라고 말하며 벌 대신 오히려 비단 두 필을 주어 돌려보냈다.

양 화 구 복
禳禍求福 재앙을 물리치고 복을 구함.

어 두 육 미
魚頭肉尾 생선은 머리, 짐승은 꼬리 부분이 맛이 좋다는 말.

어 변 성 룡
魚變成龍 물고기가 변하여 용이 된다는 말로, 아주 곤궁하던 사람이 부귀하게 된 다는 말.

억 하 심 정
抑何心情 대체 무슨 생각으로 그리 하는지 알 수 없다는 뜻.

언 감 생 심
焉敢生心 감히 그런 마음을 먹을 수도 없음.

언 어 도 단
言語道斷 말문이 막힌다는 뜻으로, 어이가 없어 이루 말로 나타낼 수 없음을 이르는 말.

언 중 유 골
言中有骨 보통 예사로운 말속에 단단한 속뜻이 들어 있다는 말. 말 속에 뼈가 있다.

언 중 유 언
言中有言 말속에 다른 뜻이 포함되어 있음.

余挑罪

_{여 도 죄}

위(衛) 나라의 미자하(彌子瑕)라는 사람은 왕이 먹던 복숭아를 나누어 먹을 만큼 왕의 사랑을 받았으나, 왕의 사랑이 식자 그 나누어 먹던 복숭아 때문에 오히려 처벌을 받았다는 고사에서 유래한 말. 칭찬 받던 일이 애증(愛憎)이 바뀌었기 때문에 죄의 원인이 된다는 것으로 임금의 총애는 믿을 수가 없다는 것임을 비유한 말이다.

도요새와 무명조개가 서로 싸우는 틈을 타서 어부가 둘 다 잡은 것처럼, 두 사람이 이해 관계로 다투는 사이에 제삼자가 이득을 보는 경우를 가리켜 하는 말로 뜻하지 않은 사람이 이익을 얻는다는 말의 비유.

중국 전국시대의 연(燕) 나라는 중국 북동부에 위치하면서 서쪽으로는 조(趙), 남쪽으로는 제(齊) 나라와 접하고 있었으므로 끊임없이 침략의 위협을 느끼고 있었다. 어느 해 연나라가 흉년이 들어 기근으로 곤경에 처해 있을 때, 조나라가 연나라

를 치려 하자 소대(蘇代)를 보내 조나라의 혜문왕을 설득해 보기로 했다.

"오늘 제가 귀국에 오다가 역수(易水)를 지나는데 무명조개가 마침 나와서 입을 벌리고 볕을 쬐는데 도요새가 그 무명조개를 쪼았습니다. 무명조개가 입을 다물어 도요새의 부리를 물자 도요새가 말하기를, '오늘도 비가 오지 않고 내일도 비가 오지 않으면 어차피 너는 죽게 될 텐데'라고 하자, 무명조개도 도요새에게 '오늘도 못 빼내고 내일도 못 빼내면 도요새너도 죽게 된다'라고 했습니다. 둘이 서로 놓으려 하지 않으니 지나가던 어부가 둘을 함께 잡아갔습니다. 지금 조나라가 연나라를 쳐서 조와 연이 서로 오랫동안 싸우다가 두 나라 모두가 피폐하게 되면, 저 강한 진(秦) 나라가 어부가 되어 두 나라 모두를 집어삼킬 것입니다."

조의 혜문왕도 현명한 왕이었으므로 이 말을 듣고는 연나라 침공을 포기했다.

여 수 투 수
如水投水 물에 물 탄 듯 술에 술 탄 듯.

여 좌 침 석
如坐針席 바늘방석에 앉은 것같이 매우 불안함.

여 중 장 부
女中丈夫 남자에 못지 않은 여자라는 뜻.

여 필 종 부
女必從夫 안해는 반드시 남편을 따라야 한다는 말.

역 성 혁 명
易姓革命 왕조가 바뀌는 일.

연 비 어 약
鳶飛魚躍 하늘에 솔개가 날고 물 속에 고기가 뛰노는 것과 같은 자연스런 천지 조화의 오묘함을 일컫는 말.

연 안 대 비
燕雁代飛 제비가 올 때 기러기는 떠나듯이 사람이 좀처럼 만나기 어려운 것을 비유.

연 작 안 지 홍 곡 지
燕雀安知鴻鵠志 연작(참새·제비)이 기러기의 마음을 알지 못하는 것과 같이 소인이 군자의 뜻을 알 리 없다는 말.

열 녀 불 경 이 부
烈女不更二夫 열녀는 두 남편을 섬기지 않음.

영 고 성 쇠
榮枯盛衰 번영하고 쇠퇴하는 것.

오 동 일 엽
梧桐一葉 오동나무 한 닢을 보고 입추가 온 것을 안다
는 말.

오 만 무 례
傲慢無禮 언행이 거만하여 예의를 돌보지 않음.

緣 木 求 魚

인연 연 나무 목 구할 구 고기 어

나무에 올라가서 물고기를 구한다는 뜻으로 도저히 불가능한
일을 하려 함을 비유하는 말이다.

맹자가 나이 50에 양(梁) 나라를 떠나 제(齊) 나라로 갔을 때
제의 선왕(宣王)이 춘추시대의 패자였던 제의 환공(桓公)과 진
(晉)의 문공(文公)의 패업에 관한 이야기를 듣고 싶다고 했다.
"도대체 왕께서는 전쟁을 일으켜 백성의 생명을 위태롭게 하
고 이웃 나라와 원한을 맺는 것이 좋습니까?"
"아니, 좋아하지는 않소."
왕이 웃으며 말하자 맹자가 말했다.
"왕께서 원하시는 바를 알겠습니다. 영토를 확장하여 진(秦)이
나 초(楚) 같은 대국이 인사를 드리러 오게 하고, 중국 전토를
지배해서 사방의 모든 민족을 무력적인 방법으로 거느리고 싶
은 것이죠. 그러나 그것은 마치 나무에 올라가 물고기를 얻고
자 하는 것과 같습니다."
왕이 그 이유를 물었다.
"예, 나무에 올라가 물고기를 잡으려는 것보다 더 무리입니
다. 나무에 올라가 물고기를 잡으려다가 못 잡으면 뒤따르는

재난은 없습니다. 그러나 왕과 같은 무리한 방법으로는 백성
도 잃고 대재난을 초래하게 됩니다."

이렇게 해서 맹자는 인의(仁義)에 기초한 정치를 역설해 나갔
다.

오매불망
寤寐不忘　자나 깨나 잊지 모함.

오비삼척
吾鼻三尺　내 코가 석자다. 내일도 감당하기 어려운데
남의 사정을 돌아볼 여지가 없다는 뜻.

오비이락
烏飛梨落　까마귀 날자 배 떨어진다는 뜻으로 우연한
일치로 남의 오해를 받는다는 말.

오월동주
吳越同舟　중국 춘추 전국 시대의 오(吳) 나라 왕 부차
(夫差)와 월나라 왕 구천(句踐)이 항상 적의
를 갖고 싸웠다는 고사에서 유래한 말로, 사
이가 좋지 못한 사람이 한자리에 동석하게
되는 경우를 말한다. 또는 아무리 원수지간
이라도 한 배에 탄 이상 목적지에 도착할 때
까지는 어쩔 수 없이 서로 협력하게 된다는
뜻이다.

손자(孫子) 병법에 기록되어 있는 말이다.

"오나라 사람과 월나라 사람은 옛날부터 서
로 원수지간이다. 그러나 그들이 같은 배를
타고 가다가 풍랑을 만나게 되면 위험에서
벗어나기 위해 필사적으로 서로 돕고 협력

한다."

이 말은 원수처럼 서로 미워하는 사람들도 죽음 직전에 놓이게 되면 어쩔 수 없이 서로 힘을 합해 같이 노력한다는 뜻이다. 군사도 이와 같이 사지에 이르면 오직 싸워서 이겨야만 살아 남는다는 이념으로 한 덩어리가 될 수밖에 없다는 것이다.

거리가 5리나 되는 안개 속과 같이 희미하고 애매하여 어떤
일에 대하여 알 길이 없음을 일컫는 말.

후한(後漢)의 순제 때 장개라고 하는 학자가 있었다.
장개는 아버지 장패를 이어받아 학문뿐만 아니라 도술을 부려
5리나 되는 거리를 완전히 뒤덮는 안개를 일으키게 할 줄도

알고 있었다.

당시 배우라는 사람도 역시 도술의 명인으로서 3리에 걸쳐 안개를 일으키는 실력을 지녔으나 장개가 5리나 일으킨다는 말을 듣고 제자로 올 뜻을 보였지만 장개는 몸을 나타내지 않았기 때문에 만날 수가 없었다.

사방 5리에 가득찬 안개 속에 있으면 동서남북 방향조차 분간하지 못하니 갈피를 못 잡고 어찌할 바를 몰라서 쩔쩔맨다는 의미로 사용되는 말이다.

오십 보를 도망친 자나 백 보를 도망친 자나 모두 비겁한 것은 같다는 말. 외견상 약간의 차이는 있더라도 본질은 같다는 말이다.

중국 양(梁) 나라의 혜왕(惠王)이 맹자에게 물었다.

"나는 나라를 다스리는 데 온힘을 다하고 있습니다. 하내(河內)에 흉년이 들면 하동(河東)의 곡식을 옮겨다 주고, 다른 지방에 흉년이 들어도 또한 그렇게 합니다. 다른 나라는 나처럼 선정을 베풀지 않는데도 백성들이 줄지를 않고, 어째서 우리나라도 백성이 더 늘어나지를 않습니까?"

맹자는 이렇게 대답했다.

"왕께서 전쟁을 좋아하시니 전쟁으로 비유하겠습니다. 전쟁터에서 서로 격전을 벌이다가 어떤 병사가 겁을 먹고 갑옷과 투구를 벗어 던지고 창을 끌면서 도망쳤습니다. 그가 백보쯤 가다가 멈춰 섰을 때 뒤따라 도망치던 자가 오십 보쯤에서 멈춰 서더니 백 보를 도망친 자에게 겁쟁이라며 비웃었다고 하면 어떻게 생각하시겠습니까?"

"오십 보나 백 보나 도망친 것은 마찬가지 아니오?"

"왕께서도 그렇게 생각하신다면 다른 나라보다 백성이 많아지기를 바라지 마십시오."

맹자의 왕도(王道) 논리로 보면 혜왕이 아무리 백성을 위한다 해도 다른 나라나 역시 오십 보 백 보의 차이라는 말이다.

오조사정
烏鳥私情 까마귀가 자라면 어미에게 먹이를 물어다 먹임. 부모에게 효도 봉양하는 정.

오하아몽
吳下阿蒙 몇 해가 지나도 학문의 발전이 없는 무식한 사람.

옥상가옥
屋上架屋 지붕 위에 거듭 지붕을 세우는 것과 같다는 말로 일을 부질없이 거듭 한다는 뜻.

옥석혼효
玉石混淆 옥과 돌이 섞여 있다는 말로 좋은 것과 나쁜 것, 훌륭한 것과 그렇지 못한 것, 사람으로 말할 것 같으면 현명한 사람과 우둔한 사람이 섞여 있는 것을 말함.

온고지신
溫故知新 옛것을 익혀서 새것을 안다는 말로. 온고이지신(溫故而知新).
고전의 근본 정신을 잘 알아서 새 지식을 바르게 인식하면 참다운 학문을 닦을 수 있다는 말이다.

완벽귀조
完璧歸趙 티끌 만한 흠도 없는 완벽한 상태를 말하고

그 완벽한 것을 그대로 무사하게 제자리에
되돌린다는 뜻.

枉尺直尋 사소한 욕을 참고 견디어 큰 일을 이룸.
왕 척 직 심

外剛内柔 겉으로는 굳게 보이나 속으로는 부드러움.
외 강 내 유

外柔内剛 겉은 부드러운 듯하나 속은 곧고 강직함.
외 유 내 강

까마귀가 모인 것같이 질서도 없고 통일성도 없는 군중을 일 컫는 말. 갑자기 모인 훈련 없는 군사. 오합지중(烏合之衆).

전한(前漢)의 마지막 왕이었던 평제는 그의 장인인 왕망(王莽)에 의해 시해를 당한다. 왕망은 3년 뒤 스스로 황제로 등장하나 정치적인 능력이 없어 각 지방에는 반란군과 도적들이 들

끓었다. 이때 나라를 바로 잡겠다고 결의를 다진 유수(劉秀)가 군사를 일으켜 왕망(王莽)을 몰아내고 경제(景帝)의 자손인 유현(劉玄)을 황제로 삼아 다시 한(漢) 나라의 세상으로 되돌려 놓았다.

그러나 왕망이 사라졌다고 천하가 조용해진 것은 아니었다. 그중 점쟁이 출신인 왕랑이란 자가 스스로 천자라 칭하고 군사를 일으켰는데 그 기세가 대단했으므로 다음해 유수는 군사를 이끌고 정벌에 나섰다.

이때 유수의 휘하로 들어가기로 결심한 경엄의 부하 중에 손창과 위포란 자가 변심하여 왕랑에게 가겠다고 나섰을 때 경엄이 이렇게 말했다.

"왕랑이란 본래 점쟁이 출신으로 황제의 이름을 사칭하여 난을 일으킨 일개 도적에 불과하오. 내가 장안에 들어가 군사를 이끌고 오합지졸인 왕랑의 군사를 친다면, 썩은 나무를 쓰러뜨리듯이 왕랑을 포로로 잡게 될 것이오."

그러나 손창과 위포는 이 말을 듣지 않고 떠났으며, 경감은 유수를 도와 많은 전투에서 무공을 세웠고 후에 건의대장군에 오르게 되었다.

섶에 누워서 쓸개를 맛본다는 뜻으로 원수를 갚기 위하여 괴로움을 참고 견디어 심신을 단련함을 비유한 말이다.

오(吳) 나라 왕 합려(闔閭)가 군사를 이끌고 월(越) 나라로 쳐들어갔다가, 월나라 왕 구천(句踐)에게 패하여 죽었다. 그는 죽기 직전 아들인 부차(夫差)에게 복수해 줄 것을 유언으로 남

겼다.

그 후 부차는 장작 위에서 자며 자기 방을 출입하는 사람들에게 "부차야! 월나라 사람이 너의 아버지를 죽인 것을 잊었느냐!"라고 외치게 했다.

월나라 왕 구천은 부차의 결심을 전해 듣고 기선을 제압하려고 오나라에 쳐들어갔으나 부차에게 대패했다. 그는 오천 명의 군사를 거느리고 간신히 회계산으로 달아났으나 후일을 도모하기 위해 부차에게 신하가 되기로 약속하고 굴욕적인 항복을 하게 되었다.

온갖 모욕을 겪고 월나라로 돌아온 구천은 옆에 항상 쓸개를 달아 두었다. 그리고 이 쓸개를 핥으며, "너는 회계산의 치욕을 잊었느냐" 하고 마음속으로 복수를 다짐했다.

그러나 복수는 용이하지가 않았다. 그로부터 16년 후에야 구천은 다시 오나라를 공격할 기회가 왔다. 오나라 왕 부차는 결국 월나라와의 전투에서 크게 패하자 스스로 목을 쳐 자살했다. 이렇게 하여 구천은 오나라를 대신해서 천하의 패자가 되었다.

와신상담은 오나라 왕 부차의 와신(臥薪)과 월나라 왕 구천의 상담(嘗膽)이 합쳐진 데서 나온 말이다.

遼東豕 (요동 시)

요동 지방의 돼지라는 말. 옛날 요동에서 어떤 돼지가 머리가 흰 새끼를 낳아서 이상히 여겨 이것을 임금께 바치려고 하동으로 갔더니, 그곳 돼지는 모두가 흰 것을 보고 부끄러워 도로 돌아왔다는 고사에서 나온 말. 보고 들은 것이 별로 없는 사람의 어리석음을 가리켜 그것을 비웃을 때 쓰는 말.

樂山樂水 (요산 요수)

지자는 산을 좋아하고 인자는 물을 좋아함.

用意周到 (용 의 주 도)

마음의 준비가 두루 미쳐 빈틈이 없음.

牛踏不破 (우 답 불 파)

소가 밟아도 깨어지지 않는다는 뜻. 사물의 견고함을 비유한 말.

牛耳讀經 (우 이 독 경)

쇠 귀에 경 읽기. 아무리 가르치고 일러 주어도 알아듣지 못함.

雨後送傘 (우 후 송 산)

비가 온 뒤에 우산을 보낸다.

^{운 합 무 집}
雲合霧集 구름처럼 합쳐지고 안개처럼 모이다.

^{원 교 근 공}
遠交近攻 먼 나라와 사귀어 가까운 나라를 치는 국책
의 한 가지 방법을 말함.

龍 頭 蛇 尾

용 룡 머리 두 뱀 사 꼬리 미

처음은 좋고 훌륭하나 끝에 가서는 제대로 마무리하지 못하
고 흐지부지하는 경우를 말함.

이 말은 벽암집(碧巖集)에 있는 진존자(陳尊者)의 이야기에서
나온 말이다. 진존자는 목주 용흥사라는 절에서 도를 닦고 나
이가 들어 각지를 유랑한 중이었다. 나이가 들어 어느 중을 만

나 서로 말을 주고받게 되었다. 그런데 이야기 도중에 갑자기 상대가 "예잇!" 하고 호령을 하는 것이었다. 순간 진존자는 자신이 뭔가를 잘못했나 하고 생각했다. 그 중의 재치 있는 태도와 말재간은 제법 도를 닦은 도승처럼 보였다. 그러나 진존자는 '이 중이 얼른 보기에는 그럴 듯하게 보이나 정말로 도를 깨우치지는 못한 것 같다. 아마도 용의 머리에 뱀의 꼬리 정도일 것 같다' 고 생각했다. 그래서 중에게 물었다.

"그대는 호령하는 위세는 좋은데 이제 무슨 말을 나에게 할 생각인가?"

그러자 그 중은 본색이 들통났다고 생각하고는 그만 뱀의 꼬리를 내보이는 것처럼 슬슬 도망치고 말았다고 한다.

우 공 이 산
愚公移山
어리석을 우 벼슬 공   옮길 이   뫼 산

어리석은 영감이 산을 옮긴다는 말로, 다른 사람이 보기에는
어리석은 일처럼 보이지만 한 가지 일을 끝까지 밀고 나가면
언젠가는 목적을 달성하게 된다는 말이다.

태행산(太行山)은 사방 둘레가 칠백 리나 되고 높이가 만 길이
나 되는 커다란 산으로 원래는 기주(冀州) 남쪽, 하양(河陽) 북
쪽에 있었다. 우공은 나이가 아흔 가까이 된 노인이었는데 이

고전으로 배우는 지혜 **고사성어**

태행산이 집 앞을 가로막고 있었기 때문에 나다니기가 몹시 불편하였다. 그래서 가족들과 의논 끝에 함께 힘을 모아 이 산을 옮기기로 했다. 우공은 아들 손자와 함께 산을 허물고 돌을 깨서 발해(渤海)까지 가서 버리고 왔는데, 한 번 갔다 오는데 일년이 걸렸다고 한다.

하곡(河曲)에 사는 지수라는 노인이 이 광경을 보고 말했다.

"살 날도 얼마 남지 않은 사람이 어떻게 그 많은 돌과 흙을 운반하려 하는가?"

그러자 우공이 이렇게 대답했다.

"자네는 어찌 그렇게도 생각이 짧은가? 내가 죽으면 나에게는 자식이 남아 있고, 그 자식이 손자를 낳고, 그 손자가 다시 자식을 낳지 않는가? 이렇게 우리는 자자손손 대를 이어가며 산을 옮길 수 있지만, 산은 결코 더 커지지는 않을 것이네. 그러니 언젠가는 산이 평평해질 날이 올 것일세."

산신령이 이 말을 듣고는 우공의 말대로 산이 없어질까 겁이 났다. 그래서 옥황상제에게 이를 말려 달라고 호소했으나 옥황상제는 우공의 노력에 감동하여 산을 옮겨 주었다.

원 앙 지 계
鴛鴦之契 원앙새는 암수가 서로 떨어지지 않고 사이가
좋은 새이니 부부가 서로 화락함을 비유하여
이르는 말.

원 천 우 인
怨天尤人 하늘을 원망하고 사람을 탓함.

월 단 평
月旦評 인물을 비평한다는 말. 후한(後漢)의 허소가
매월 삭(每月朔)에 품 제를 정하여 향당(鄕
堂)의 인물을 품평한 고사에서 나온 말. 월단
(月旦). 월조평(月朝評).

월 하 노 인
月下老人 부부의 인연을 맺어 준다는 전설의 노인. 태
평광기(太平廣記)에 수록된 정혼점(定婚店)
전설에서 나온 말이다.

월 하 빙 인
月下氷人 월하노인과 빙인(氷人)의 합성어로 남녀의
인연을 맺어 주는 이.

위 어 누 란
危於累卵 달걀을 쌓아 둔 것 같이 위태롭다는 말.

유 명 무 실
有名無實 이름만 있고 그 실상은 없음.

유 무 상 생
有無相生 유(有)는 무(無)에서 생긴다는 말.

유 수 불 부
流水不腐 흐르는 물은 썩지 않음.

유 시 무 종
有始無終 처음은 있고 끝이 없음. 시작만 하고 결말을
맺지 못함을 말함.

유 시 유 종
有始有終 시작할 때부터 끝맺음을 할 때까지 한결같다
는 말.

유 아 독 존
唯我獨尊 이 세상에 자신이 제일 높다는 말.

유 야 무 야
有耶無耶 있는지 없는지 흐리멍덩한 모양.

유 언 비 어
流言蜚語 도무지 근거 없이 널리 퍼진 소문. 확증이 없
는 헛소문.

유 유 상 종
類類相從 같은 종류끼리 서로 내왕하며 사귐.

유 일 무 이
唯一無二 오직 하나뿐으로 둘도 없음.

유 종 의 미
有終 - 美 끝까지 잘 하여 훌륭하게 마무리함.

유 지 자 사 경 성
有志者事竟成 뜻이 있는 사람은 결국 무엇이든지
이룰 수 있음.

유 칭 호 수
唯稱好鬚 수염만 훌륭한 사내. 즉 재능이 없음을 이름.

육 두 문 자
肉頭文字 육담 즉 음담으로 된 말. 상스러운 품격이 낮
은 말.

은 중 태 산
恩重泰山 은혜가 태산같이 높음.

음 덕 양 보
陰德陽報 남몰래 덕을 쌓은 사람은 비록 사람들이 몰
라준다 하더라도 하늘이 알아주어 후일 남들
이 알게 복을 받는다는 말.

음 우 지 비
陰雨之備 위험한 일이나 곤란한 일이 있기 전에 미리
대비한다는 말.

유 비 무 환

有 備 無 患

있을 유 갖출 비 없을 무 근심 환

사전에 준비가 되어 있으면 뒷걱정이 없다는 말이다.

춘추시대 정나라가 송나라를 침략하자 송나라에서는 나라의
위급함을 진나라에 알리고 구원을 요청했다. 진의 도공은 즉
시 노(魯)·제(齊)·조(曹) 나라 등 12개국과 연합군을 편성하
여 명장 위강의 지휘로 정나라 도성을 둘러싸고는 송나라에
대한 침략을 포기하라고 으름장을 놓았다. 연합군에 대항해서
는 승산이 없다고 판단한 정나라는 송·진·제 등 12 개국과
불가침 화해 조약을 맺고 말았다.

초나라는 정나라가 북방으로 기울어진 것을 못마땅하게 여겨 침공했다. 초나라 군사의 강대함을 알고 있는 정나라는 도저히 이길 수 없음을 알고 하는 수 없이 초나라와도 맹약을 체결했다.

정나라가 이와 같이 진나라 편에 섰다 초나라 편에 섰다 하는 기회주의자 같은 태도에 대해 분노한 북방 12개국 연합군은 또다시 정나라를 쳤다. 힘이 부친 정나라는 또다시 화친(和親)을 청했고 진이 응해 주자 그에 대한 감사의 뜻으로 수많은 보물과 가희(歌姬)들을 선물로 보냈다. 도공은 싸움으로 인한 노고를 위로하기 위해 가희들을 위강에게 보냈으나 위강은 정중히 사양하면서 이렇게 말했다.

"편안히 지낼 때에는 항상 위태로움을 생각하여야 하고, 위태로움을 생각하게 되면 항상 준비가 있어야 하며, 충분한 준비가 되어 있으면 근심과 재난이 없을 것입니다." 거안사위 사즉유비 유비즉무환(居安思危 思則有備 有備則無患)

이 말을 들은 도공은 위강의 충정에 탄복하여 가희들을 모두 정나라로 돌려보냈다. 이후 도공은 위강의 충정에 힘입어 진나라의 패업을 이룩하였다.

음 자 호 산
淫者好酸 색을 좋아하는 사람은 신맛을 좋아한다는
말.

음 풍 농 월
吟風弄月 맑은 바람과 밝은 달을 대하여 시를 짓고 즐
겁게 논다는 말.

의 기 상 투
意氣相投 마음이 서로 맞음. 의기투합

의 문 이 망
倚門而望 어머니가 자녀가 돌아오기를 마음을 졸여가
며 기다림.

의 심 생 암 귀
疑心生暗鬼 자기 마음속에 의아스러운 것이 있으면
그 마음에서 여러 가지 무서운 생각이 나옴
을 이름. 의심은 암귀를 낳게 한다는 말.

이 덕 보 원
以德報怨 원한이 있는 자에게 보복하지 않고 도리어
은혜를 베푼다.

이 란 격 석
以卵擊石 달걀로 바위를 친다는 말. 약한 자가 강자에
게 저항함을 비유.

이목번다
耳目繁多 사람이 많다는 말. 듣는 사람 보는 사람이 많다는 뜻.

이소역대
以小易大 작은 것을 가지고 큰 것과 바꿈.

이심전심
以心傳心 말이나 글에 의해서가 아니라 마음에서 마음으로 전함. 심심상인(心心相印).

이열치열
以熱治熱 더위는 더위로 해결한다는 말.

이율배반
二律背反 서로 모순되는 두 개의 명제. 곧 정립(定立)과 반립(反立)이 동등한 권리로서 주장됨.

이인투어
以蚓投魚 미물 지렁이라도 물고기의 먹이가 되듯 보잘 것없는 것이라도 다 쓸모가 있다는 말.

이차어피에
以此於彼 - 거기나 여기나. 이것이나 그것이나. 이렇게 하든 저렇게 하든. 이차 이피에(以此以彼-).

이판사판
理判事判 불교에서 나온 말로 이판 중은 속세를 떠나

수도에 전심하는 중이고, 사판 중은 절의 모든 재물과 사물을 처리하는 중이다. 조선시대 억불숭유 정책 때 천민으로 전락된 승려들이 자신들의 활로를 모색하기 위해 사찰을 존속시키는 일은 사판 중에게, 불법을 존속시키는 일은 이판 중이 맡았다. 최후의 수단이었던 것이다.

이 현 령 비 현 령
耳懸鈴鼻懸鈴 귀에 걸면 귀걸이 코에 걸면 코걸이. 어떤 사실이 이렇게도 저렇게도 해석됨을 일컫는 말.

이 혈 세 혈
以血洗血 피로써 피를 씻음.

李 下 不 整 冠

오얏나무 이   아래 하   아닐 부   정돈할 정   갓 관

과전불납리 이하부정관(瓜田不納履 李下不整冠).

전국시대 제(齊) 나라는 위왕(威王)이 왕위에 즉위한 지 9년이
되었어도 국정은 영신인 주파호(周破胡)의 손아귀에 있었다.
위왕의 후궁 중에 우희(虞姬)라는 여자가 있었는데 주파호의
비행을 보다 못해 왕에게 호소했다. 주파호는 그 사실을 알고
우희를 모함하고자 우희와 북곽 선생의 사이가 수상하다고 왕

에게 일러바쳤다. 왕은 우희를 불러 사실 여부를 물었다.

"저는 십여년 동안 진심으로 전하를 위해 힘을 다했습니다만 지금 이렇게 간사한 자의 모함에 휘말리고 말았습니다. 제가 결백하다는 것은 명백합니다. 만약 제게 죄가 있다면 그것은 과전불납리(瓜田不納履)하고 이하부정관(李下不整冠)하라는 말처럼 의심받을 일을 피하지 않았던 점이 큰 실수였습니다. 지금 군신들 중에서는 주파호가 가장 간악한 짓을 하고 있으니 통촉하여 주시옵소서."

우희가 진심으로 이렇게 주장하자 위왕은 깨달은 바가 있어서, 주파호를 팽살(烹殺)시키고 내정을 바로 잡았으므로 제나라는 크게 안정이 되었다.

인 간 만 사 새 옹 지 마
人間萬事塞翁之馬 인간의 모든 일은 미리 화
(禍)와 복(福)이 정해져 있지 않다는 말.

인 면 수 심
人面獸心 얼굴은 사람이나 마음은 짐승과 다름없는 사
람. 흉폭하고 잔인한 사람의 비유.

인 산 인 해
人山人海 사람이 헤아릴 수 없이 많이 모였음을 말함.

인 언 이 박
仁言利博 마음이 어진 사람의 언동은 널리 이익이 미
친다는 말.

인 인 성 사
因人成事 남의 힘으로 일을 이룸. 사회 생활 속에 있는
인간은 혼자 힘으로는 되는 일이 없다는 뜻
으로 쓰인다.

인 자 무 적
仁者無敵 어진 사람은 모든 사람이 그를 따르므로 적
이 없음.

인 중 사 자
人中獅子 사자는 온갖 짐승의 왕이므로 다른 사람들보
다 뛰어나게 훌륭한 사람을 비유하여 이름.

인 중 승 천
人衆勝天 사람의 수가 많으면 하늘도 이길 수 있다는
뜻. 많은 사람의 뜻이 합쳐지면 못할 일이 없
다는 말.

일 가 동 목
一家桐木 집안에 오동나무를 심었더니 후일 그 집 형
제들이 모두 재상이 되었다는 데서 나온 말.

일 각 여 삼 추
一刻如三秋 일각(15분)이 세 번의 가을 같다 함이니
시간이 너무 지루하다는 뜻. 시간이 빨리 지
나가기를 바라는 뜻으로 초조하게 기다리는
마음의 괴로움을 이름. 일각이 삼추 같다.

일 거 양 득
一擧兩得 한 가지 일을 하여 두 가지 이익을 얻음. 일
석이조(一石二鳥).

일 견 여 구
一見如舊 처음으로 만났지만 마음이 맞고 정이 들어
오래 전부터 사귄 친구같이 친밀함.

일 견 종 정
一見鍾情 첫눈에 반한다는 뜻.

일 구 이 언
一口二言 한 입으로 두 가지 말을 함.

일 기 당 천
一騎當千 한 사람의 기병이 천 사람의 적을 당해낼 수
있음. 무예가 썩 뛰어남의 비유.

일 념 통 천
一念通天 마음만 한결같이 먹고 열심히 하면 어떤 일
이라도 이룰 수 있음.

일 당 백
一當百 한 사람이 백 사람을 당해낸다 함. 일인당백
(一人當百).

일 각 천 금
一 刻 千 金
한일 시각 각 일천 천 쇠 금

짧은 시간이라도 천금의 값어치가 있을 정도로 귀중하다는
뜻. 송나라 소동파의 유명한 시 춘야(春夜)에서 나온 말이다.

춘 소 일 각 치 천 금
春宵一刻値千金
봄날 달밤의 한때는 천금의 값어치가 있네

화 유 청 향 월 유 음
花有淸香月有陰
꽃에는 맑은 향기가 있고 달은 희미하게 흐려져 있고

가 관 루 대 성 적 적
歌管樓臺聲寂寂
노래부르고 피리 불던 누대도 소리 없이 적적한데

추 천 원 낙 야 침 침
鞦韆院落夜沈沈
그네가 걸려 있는 안뜰은 밤만 깊어 가누나

일 도 양 단
一刀兩斷
한 칼로 쳐서 두 동강이를 내듯이 사물을 선뜻 결정함.

일 망 타 진
一網打盡
한꺼번에 모조리 잡음.

일 명 경 인
一鳴警人
한 번 울어 사람들을 놀라게 함. 오랜 침묵 끝에 놀라운 발언을 하거나 뛰어난 작품을 발표한다는 뜻.

一飯之德 보잘것없이 베푼 작은 은덕. 밥 한 술 정도의
일 반 지 덕
작은 은덕을 받았어도 잊지 말고 보답을 해
야 한다는 말.

一瀉千里 강물의 물살이 빨라서 한 번 흘러 천리 밖으
일 사 천 리
로 다다름.

一笑千金 한 번 웃는 것이 천금의 값어치가 있다는 말.
일 소 천 금
미인의 웃음을 얻기가 매우 어렵다는 뜻.

一勝一敗 한 번 이기고 한 번 짐.
일 승 일 패

一魚濁水 한 마리의 물고기가 물을 흐린다는 뜻. 한 사
일 어 탁 수
람의 잘못으로 여러 사람 이 그 해를 입게 됨
을 비유하는 말.

一言以蔽之 한마디의 말로 능히 그 뜻을 다함. 한 마
일 언 이 폐 지
디로 요약하여 결정함.

一言之下 말 한 마디로 잘라서 말함. 두 말할 나위 없
일 언 지 하
음.

一葉落天下知秋 〔일엽락천하지추〕 나뭇잎 하나가 떨어지는 것을 보고 가을이 옴을 안다는 뜻으로, 한 가지 일을 보고 장차 될 사물을 미리 짐작함. 작은 현상에서 큰 근본을 알게 된다는 말. 일엽지추(一葉知秋).

一牛鳴地 〔일우명지〕 한 마리 소의 울음소리가 들릴만한 가까운 거리의 땅.

一日如三秋 〔일일여삼추〕 하루가 삼 년 같음. 몹시 애타게 기다림을 비유.

一將功成萬骨枯 〔일장공성만골고〕 장군 한 사람이 전장에 나가 세운 전공은 만 병졸이 전장에서 죽은 덕택임에도 그 공을 오직 한 장군에게만 돌림을 개탄하는 말.

一場春夢 〔일장춘몽〕 한바탕의 봄 꿈처럼 헛된 부귀 영화.

一箭雙鵰 〔일전쌍조〕 화살 하나로 수리 두 마리를 떨어뜨림. 남북조 주나라 때 무예와 학식이 뛰어난 장손성

이라는 사람이 화살 하나로 두 마리의 수리를 쏘아 잡은 데서 유래한 말.

一朝一夕 _{일 조 일 석} 하루 아침이나 하루 저녁과 같은 짧은 시일.

一觸卽發 _{일 촉 즉 발} 조금만 건드려도 곧 폭발함.

一寸光陰 _{일 촌 광 음} 아주 짧은 시간.

一筆揮之 _{일 필 휘 지} 한숨에 흥취 있고 줄기차게 글씨를 써 내림.

여지없이 패배하여 다시 일어날 수 없게 됨. 한번 패해 넘어
지면 땅에 깔려 다시는 일어나지 못함을 이른다.

　진시황 말년에 유방이 패현성 밖에서 비단 폭에 글을 써서 성
위로 쏘아 보냈다. 이 편지는 패현에 있는 부모 형제에게 주는
편지로 다같이 일어나 일심 협력하여 현령을 죽이고 진에 대

항하여 목숨과 가정을 보전하자는 내용이었다. 그 글의 지시에 따라 성 안의 사람들은 현령을 죽이고 성 문을 활짝 열었다. 그리고는 유방을 현령으로 추대하려고 하였으나 겸허하게 사양하며 이렇게 말했다.

금 치 장 불 선
今置將不善 지금 장수를 잘못 두게 되어

일 패 도 지
一敗塗地 한번 패하게 되면 다시는 일어나지 못하게
되노라

그러나 결국은 유방이 현령이 되고, 다시 한
왕(漢王)이 되어 역사상 처음 평민 혁명으로
폭정을 뒤엎은 영웅이 된 것이다.

일 확 천 금
一攫千金 단번에 많은 재물을 얻음.

일 희 일 비
一喜一悲 기쁘고 슬픈 일이 번갈아 일어남. 또는 한편
기쁘고 한편 슬픔.

임 기 응 변
臨機應變 그때그때 상황에 따라 적당히 일을 처리함.

입 석 시
立石矢 한 가지 집념을 굳게 가지면 안 되는 것이 없
다는 말. 한(漢) 나라 문제(文帝) 때 이능(李
陵)이란 장수는 뛰어난 무인(武人)이었는데
초원에 묻힌 돌을 호랑이로 잘못 보고 활을
쏘았는데 화살이 돌에 박혔다. 그러나 가까

이 가서 보고는 돌이라는 것을 알고 다시 활을 쏘았으나 화살은 돌에 박히지 않았다는 일화에서 나온 말이다.

입 신 양 명
立身揚名 출세하여 세상에 이름을 드날림. 입신출세(立身出世).

입 추 지 지
立錐之地 송곳 하나 세울 만한 땅이란 뜻으로 매우 좁아 조금도 여유가 없음을 가리키는 말.

故事成語

자

자가당착
自家撞着 같은 사람의 한 말이나 글의 앞뒤가 서로 어긋나 모순되는 일.

자고이래
自古以來 예로부터 내려오면서.

자괴지심
自愧之心 스스로 부끄럽게 여기는 마음.

자급자족
自給自足 자기의 수요를 자기가 생산하여 충당함.

자두연기
煮豆燃箕 콩을 삶는데 콩깍지를 땐다는 뜻으로 형제끼리 서로 괴롭히는 것을 비유해서 한 말.

자문자답
自問自答 자기가 묻고 자기가 답함.

자업자득
自業自得 자기가 저지른 일의 과보(果報)를 자신이 받음.

自然淘汰 자 연 도 태
생존 경쟁에서 외계의 상태에 적응하지 못한 형질의 개체는 도태되고 적응한 개체는 생존·번식하는 일.

自中之亂 자 중 지 란
자기네 패 속에서 일어나는 싸움질.

自他共認 자 타 공 인
자기나 남들이 다 같이 인정함.

自暴自棄 자 포 자 기
마음에 불만이 있어 행동을 되는 대로 마구 취하고 스스로 자신을 돌보지 아니함.

作舍道傍 작 사 도 방
길가에 집을 지을 때 지나가는 사람들의 의견이 많아서 잘 결정이 내려지지 않는 것과 같이, 의견이 서로 달라서 일을 결정하지 못함을 가리키는 말.

酌水成禮 작 수 성 례
물만 떠놓고 혼례를 지낸다는 말. 가난한 집 안의 혼인 예식을 일컫는 말.

作心三日 작 심 삼 일
결심이 사흘을 가지 못함. 결심이 굳지 못함을 말함.

將計就計 _{장계취계}
상대편의 계략을 미리 알고 이를 역이용하는 계교.

長久之計 _{장구지계}
사업의 장구한 계속을 도모하는 계획. 장계(長計).

張三李四 _{장삼이사}
장씨의 삼남과 이씨의 사남이란 뜻으로, 성명이나 신분이 유명하지 못한 평범한 사람들.

再起不能 _{재기불능}
다시 일어설 능력이 없음.

賊反荷杖 _{적반하장}
잘못한 사람이 도리어 잘한 사람을 나무라는 경우에 쓰는 말. 주객전도(主客顚倒).

積小成大 _{적소성대}
작은 것도 쌓이면 크게 됨. 적소성다(積小成多).

赤手空拳 _{적수공권}
맨손과 빈주먹. 아무 것도 가진 것이 없음을 뜻함.

適者生存
적 자 생 존

생존경쟁의 결과 그 환경에 맞는 것만이 살아 남고 그렇지 못한 것은 차차 쇠퇴, 멸망해가는 자연 도태의 현상을 일컫는 말.

適材適所
적 재 적 소

적당한 인재를 적당한 자리에 씀.

錢可通神
전 가 통 신

돈의 힘은 일의 결과를 좌우하고 사람의 처지를 변화시킨다는 말. 돈이면 귀신도 통한다는 뜻. 당(唐) 나라 때 장연상(張延賞)이라는 유능한 관리가 굉장히 중대한 사건을 처리하면서 십만냥이라는 거액의 뇌물을 받고는 처벌하지 않았다는 데서 유래한 말로 불합리한 사회를 풍자하는 데 쓰이는 말이다.

電光石火
전 광 석 화

극히 짧은 시간. 아주 신속한 동작.

前代未聞
전 대 미 문

이제까지 들은 적이 없음.

前生緣分
전 생 연 분

전생에서 이미 맺은 연분.

全人敎育 전인교육
편벽된 교육을 배제하고 성격교육, 정서교육 등을 중히 하는 교육.

輾轉不寐 전전불매
누워서 이리저리 뒤척이며 잠을 이루지 못한다는 말. 전전반측(輾轉反側).

前車可鑑 전차가감
앞의 실수를 거울로 삼는다는 말.

轉禍爲福 전화위복
화가 바뀌어서 도리어 복이 됨.

絶壁江山 절벽강산
귀가 아주 먹었거나 사리에 어두운 사람을 낮추어 일컫는 말. 절벽(絶壁).

切磋琢磨 절차탁마
옥돌 따위를 갈고 쪼고 닦는 것과 같이 학문과 덕행을 닦음.

切齒腐心 절치부심
몹시 분하여 이를 갈고 속을 썩임.

漸入佳境 점입가경
점점 재미있는 경지로 들어감.

精金美玉 정금미옥
인품이나 글월이 아름답고 깨끗함.

正當防衛
정 당 방 위

급박 부당한 침해에 대해, 자기 또는 타인의 권리를 방어하기 위하여 부득이 행하는 가해 행위. 형법상의 범죄 불성립의 이유가 되며 민법 상 손해 배상의 책임을 지지 않음.

戰 戰 兢 兢

전 전 궁 궁

싸울 전 싸울 전 조심할 궁 조심할 궁

매우 두려워하여 조심함. 겁을 먹고 벌벌 떨며 몸을 움추리는
모습을 말한다.

시경(詩經) 소아(小雅) 소민(小旻) 편에 나오는 말이다.

불 감 폭 호
不敢暴虎 감히 맨손으로는 호랑이를 잡을 수 없고

불 감 풍 하
不敢馮河 걸어서는 물을 건널 수 없네

인 지 기 일
人知其一 사람들이 그 한가지는 알고 있으나

막 지 기 타
莫知其他 다른 것은 알지 못한다

전 전 긍 긍
戰戰兢兢 두려워서 조심조심하며

여 임 심 연
如臨深淵 깊고 깊은 못 가에 있는 듯하고

여 리 박 빙
如履薄氷 엷디엷은 살얼음 위를 걷는 듯하네

이 시는 포악한 정치를 한탄해서 지은 시로, 호랑이를 맨주먹으로 잡거나 배 없이 물을 건널 수 없다는 것은 알고 있지만, 눈앞의 이해에만 눈이 어두워 다음 날 환란이 오는 것은 알지 못한다. 사람들은 그 무서운 정치 속에서 마치 깊은 못 가에 서 있는 듯, 살얼음 위를 걸어가는 듯 전전긍긍하고 있다는 뜻이다.

정 신 일 도 하 사 불 성
精神一到何事不成 정신을 한 곳에 모으면 이루
어지지 않는 일이 없음.

정 중 관 천
井中觀天 견문이 짧음을 이르는 말. 우물 속에서 하늘
을 쳐다본다는 뜻.

정 중 지 와
井中之蛙 우물 안 개구리. 넓은 세상의 형편을 모름.

제 궤 의 혈
提潰蟻穴 개미 구멍이 점점 커져 마침내 큰 둑이 무
너짐.

제 세 안 민
濟世安民 세상을 구제하고 백성을 편안하게 함.

조 령 모 개
朝令暮改 법령을 자꾸 고쳐 갈피를 잡고 헤아리기가
어려움.

조 변 석 개
朝變夕改 아침 저녁으로 뜯어고친다는 뜻으로 무슨 일
을 자주 변경함을 비유하여 일컫는 말.

조 족 지 혈
鳥足之血 새 발의 피라는 뜻. 어떤 것과 비교해서 턱없
이 적음을 이르는 말.

조 화 무 궁
造化無窮 신통(神通)하게 일어나는 변화가 한없이
많음.

존 망 지 추
存亡之秋 존재하느냐 멸망하느냐의 절박한 때. 죽느냐
사느냐의 중대한 경우.

종 무 소 식
終無消息 끝끝내 아무런 소식이 없음.

糟 糠 之 妻

술지게미 조 겨 강 갈 지 아내 처

구차하고 천할 때 고생을 함께 하며 살던 아내. 조(糟)는 지게미, 강(糠)은 쌀겨다. 지게미와 쌀겨로 끼니를 이어가며 가난한 살림을 해온 아내란 뜻이다.

후한(後漢) 광무제 때 대사공이란 벼슬에 오른 송홍(宋弘)이란 사람이 있었는데 강직하고 정과 의리가 두터웠다. 광무제의 누님 호양공주는 남편을 잃은 미망인이었다. 광무제는 공주를 마땅한 사람에게 재혼시키려고 공주의 의향을 물어 보자 송홍

같은 사람이라면 시집을 가겠다고 하는 것이었다.

그래서 송홍을 불러 이런 저런 얘기를 나누던 끝에 "속담에 사람이 지위가 높아지면 친구를 바꾸고, 돈을 벌어 부자가 되면 아내를 바꾼다는데 귀공은 어떻게 생각하시오?"하고 물었다.

그러나 송홍은 이미 광무제의 누님에 관한 얘기임을 알아차리고 서슴지 않고 확연한 말투로 이렇게 대답했다.

"신은 천한 몸으로 가난하게 지내던 때에 사귄 친구는 잊어서는 안되며(빈천지교불가망 · 貧川之交不可忘), 지게미와 쌀겨를 먹으며 고생한 아내는 집에서 내보낼 수가 없다고 들었습니다(조강지처불하당 · 糟糠之妻不下堂).

이 말을 듣자 광무제는 더 이상 할 말이 없게 되었다.

간사한 꾀로 남을 속이고 희롱함을 이르는 말.

송(宋) 나라에 저공(狙公)이라는 사람이 원숭이를 기르고 있었
다. 그는 원숭이와 서로 뜻이 통할 정도로 원숭이를 아끼고 사
랑했지만, 원숭이의 숫자가 점점 많아지자 어쩔 수 없이 이들
의 식량을 제한해야만 했다. 그래서 원숭이에게 먼저 "너희들
에게 열매를 아침에 세 개 주고 저녁에 네 개 주면 어떻겠는
가?"라고 물어봤다. 그러자 모든 원숭이들이 일어나 화를 냈

다. 저공은 다시 "그렇다면 아침에 네 개 주고 저녁에 세 개를 주면 어떻겠는가?" 라고 하자 원숭이들은 모두 뛸 듯이 좋아했다.

이 우화를 열자(列子)에서는 "지자(智者)가 우자(愚者)를 농락하고, 성인이 중인을 농락하는 것도 저공이 지(智)로 원숭이들을 농락하는 것과 같다." 라고 풀이했다.

종 횡 무 진
縱橫無盡 자유 자재로 끝이 없는 상태.

좌 견 천 리
坐見千里 앉아서 천리를 본다는 말로 멀리 앞을 내다
봄을 뜻함.

좌 고 우 면
左雇右眄 왼쪽을 돌아보고 오른쪽을 살핀다 함. 여기
저기 둘러보기만 하고 일을 결정짓지 못한다
는 뜻이다.

좌 충 우 돌
左衝右突 이리저리 막 치고 받고 함.

주 객 전 도
主客顚倒 사물의 경중, 선후, 완급이 서로 바뀜.

주 경 야 독
晝耕夜讀 낮에는 일하고 밤에는 공부를 함. 어려운 환
경에서 공부한다는 말.

주 량 회 갑
舟梁回甲 혼인한 지 예순 한 해 만의 그날. 회혼(回婚).

주 마 가 편
走馬加鞭 달리는 말에 채찍질한다는 뜻으로 부지런하
고 성실한 사람을 더 격려함을 일컫는 말.

走馬看山 주마간산 달리는 말 위에서 산천을 구경한다는 뜻이니 분주하고 어수선하여 되는대로 휙휙 지나쳐서 봄을 일컫는 말.

酒百藥之長 주백약지장 술을 마시면 마음이 넉넉하고 후해져 여유가 생긴다는 데서 나온 말.

酒色雜技 주색잡기 술과 계집과 노름.

周遊天下 주유천하 세상을 두루 돌아다니며 구경함.

酒池肉林 주지육림 술은 못을 이루고 고기는 숲을 이룬다는 뜻. 극히 호화롭게 차린 술잔치를 가리키는 말.

竹馬故友 죽마고우 어릴 때부터 같이 놀며 자란 친구. 죽마지우, 총죽지고, 죽마구우.

竹帛之功 죽백지공 이름을 청사에 남길 공적.

衆寡不敵 중과부적 적은 수효가 많은 수효를 대적하지 못함.

衆口難防 _{중 구 난 방} 뭇 사람의 입은 다 막기가 어려움.

중 도 이 폐
中道而廢 일을 하다가 중간에서 그만 둠.

중 인 환 시
衆人環視 뭇 사람들이 둘레에서 봄.

지 독 정 심
舐犢情深 어미 소가 송아지를 핥아서 귀여워하듯이, 어버이의 사랑은 맹목적이고 그만큼 깊은 것이라는 뜻.

지 란 지 교
芝蘭之交 벗 사이의 고상한 교제.

지 리 멸 렬
支離滅裂 이리저리 어지럽게 흩어져 갈피를 잡을 수 없이 됨.

지 록 위 마

指 鹿 爲 馬

손가락 지 사슴 록 할 위 말 마

중국 진(秦) 나라의 조고(趙高)라는 환관(宦官)이 진시황 이세
황제(二世 皇帝)에게 사슴을 말이라고 속이어 바친 일에서 유
래된 말이다. 사슴을 보고 말이라고 우긴다는 뜻으로, 윗사람
을 농락하여 권세를 마음대로 휘두르는 것을 가리키는 말.

진시황이 병을 앓아 죽으면서 제위를 큰아들 부소(扶蘇)에게
이어가도록 유서를 남겼으나 환관 조고의 간계로 나이 어린
둘째 아들 호해(胡亥)가 이어 받고 부소는 자결하도록 했다.
그 후 조고는 승상이라는 위치에까지 오르며 권력을 장악하여

고전으로 배우는 지혜 **고사성어**

왕은 단지 허수아비에 불과했다. 조고는 왕위까지 찬탈해 볼 욕심으로 자신의 권세가 어느 정도인지 시험해 보기로 했다.

그래서 하루는 사슴 한 마리를 왕에게 바치면서 "외국 사신이 선물로 가져온 말입니다"라고 했다.

왕은 어이가 없어 웃으며 "승상이 뭘 잘못 알았오. 사슴을 어째서 말이라고 하오. 지금 나에게 농담을 하는 게 아니오"라고 했다. 왕은 답답하여 주위에 있던 여러 신하들에게 직접 물어보았다.

그러나 조고의 험악한 표정에 기가 질려 아무도 대답을 못하는 것이었다. 결국 신하들 모두가 사슴을 말이라고 하게 되자 왕도 겁을 먹고는 모든 국정 운영을 조고에게 맡길 수밖에 없게 되었다.

지 어 지 앙
池魚之殃 못물로 불을 끄면 물이 말라서 고기에게까지 재앙이 미친다는 뜻. 다른 곳에 생긴 재앙으로 인하여 관계없는 데까지 해가 미치는 것을 비유한 말.

지 필 연 묵
紙筆硯墨 종이, 붓, 벼루, 먹의 네 가지를 함께 일컬음.

진 수 성 찬
珍羞盛饌 맛이 좋고 많이 잘 차린 음식.

진 인 사 대 천 명
盡人事待天命 사람으로서 할 수 있는 일을 다한 뒤에 천명을 기다림.

진 천 동 지
震天動地 위엄이나 큰 소리가 천지를 뒤흔든다.

진 퇴 양 난
進退兩難 나아가지도 물러서지도 못함. 입장이 난처함.

집 소 성 다
集小成多 티끌 모아 태산이라는 뜻.

차

차 일 시 피 일 시
此一時彼一時 이것도 저것도 한 때임. 전과 지금은
사정이 다름.

차 일 피 일
此日彼日 약속이나 기한 따위를 미적미적 미루는 경우
에 씀.

창 해 일 속
滄海一粟 넓은 바다에 한 알의 좁쌀이란 뜻으로 매우
작음 또는 보잘것없는 존재를 비유하여 이르
는 말. 대해일적(大海一滴).

책 상 퇴 물
册床退物 글만 읽고 세상 물정을 모르는 사람.

책 인 즉 명
責人卽明 제 허물은 생각지 않고 남의 잘못만을 나무람.

천 고 마 비
天高馬肥 하늘이 높고 말이 살찐다는 뜻. 가을을 일컫
는 말.

천 려 일 실
千慮一失 지혜로운 사람의 생각에도 간혹 잘못된 생각
이 있다는 말.

천 붕 지 통
天崩之痛 제왕이나 아버지의 상사를 당했을 때의 하늘
이 무너지는 듯한 슬픔.

천 생 배 필
天生配匹 하늘이 미리 마련하여 준 짝.

천 생 연 분
天生緣分 하늘이 맺어준 연분이라는 말.

천 신 만 고
千辛萬苦 온갖 신고, 또는 그것을 겪음. 무한히 애를 씀.

천 우 신 조
天佑神助 하늘과 신령의 도움.

천 의 무 봉
天衣無縫 일이 생겨난 자취를 찾을 길이 없다는 말. 천
연적으로 이루어졌다는 뜻. 천의는 원래 실
이나 바늘 같은 것을 쓰지 않고 만든 옷으로
꿰맨 자국이 없다는 데서, 어떤 작품이나 문
장에 잔재주나 가필의 흔적이 없는 걸작을
가리킬 때 쓰는 말이다.

천 인 공 노
天人共怒 하늘이나 사람이 다 같이 노함.

천 장 지 구
天長地久 하늘과 땅은 영원함. 하늘과 땅처럼 오래고 변함이 없음. 흔히 수명의 장수를 빌 때 하는 말.

천 진 난 만
天眞爛漫 아무런 꾸밈이 없이 타고난 성질 그대로가 언행에 나타남.

천 진 무 구
天眞無垢 아무 흠이 없이 천진함.

천 차 만 별
千差萬別 여러 가지 사물이 모두 차이가 있고 구별이 있음.

천 편 일 률
千篇一律 모두 변화가 없고 비슷비슷함.

철 면 피
鐵面皮 뻔뻔스럽고 염치를 모르는 사람을 일컫는 말.

철 천 지 원
徹天之寃 하늘에 사무치는 크나큰 원한. 철천지한(徹天之恨).

청 경 우 독
晴耕雨讀 맑은 날은 밭을 갈고 비 오는 날은 집안에서

책을 읽음. 부지런히 일하고 공부함을 일컫
는 말.

청산유수
靑山流水 말을 막힘 없이 잘하는 것을 비유하여 이르
는 말.

초로인생
草露人生 풀잎에 맺힌 이슬처럼 덧없는 인생. 조로인
생(朝露人生).

초록동색
草綠同色 풀빛과 녹색은 같은 색깔이라는 말. 서로 같
은 무리끼리 어울린다는 뜻.

초부득삼
初不得三 첫 번에 실패한 일이라도 세 번째에는 성공
한다는 뜻으로 꾸준히 하면 성공할 수 있다
는 말.

초지일관
初志一貫 처음 계획한 뜻을 끝까지 밀고 나감.

추요지설
芻蕘之說 꼴 베고 나무하는 사람들이 하는 말이라 함
이니 촌스럽고 고루한 말이라는 뜻.

람(藍)은 쪽이라는 풀인데 색깔이 남색(藍色)으로 쪽빛이라고
하였다. 푸른빛이 쪽에서 나왔는데 쪽보다 더 푸르다는 말로
제자가 스승보다 낫다는 말로 쓰인다.

학 불 가 이 이
學不可以已 학문이란 잠시도 쉬어서는 안 된다

청 출 어 람 이 청 어 람
青出於藍而青於藍 푸른색은 쪽빛에서 나왔지만
쪽보다 더 푸르고

빙 수 위 지 이 한 어 수
氷水爲之而寒於水 얼음은 물로 만들지만 물보다
더 차다

스승에게서 배우기는 하지만 스승보다 더 훌
륭한 사람이 될 수 있으며 더 깊고 높은 학문
과 덕을 갖게 될 수도 있다는 뜻이다.

추 풍 낙 엽
秋風落葉 가을 바람에 흩어져 떨어지는 낙엽. 낙엽처
럼 세력 같은 것이 시들어 우수수 떨어짐의
비유.

축 록
逐鹿 사냥꾼이 사슴을 쫓는다는 뜻으로 영웅이 서
로 다투어 천하를 얻고자 하는 일. 정권이나
지위를 얻으려고 서로 다투는 일.

춘 삼 삭
春三朔 음력 1, 2, 3월 봄철의 석 달.

출 가 외 인
出嫁外人 시집간 딸은 남과 같다는 뜻.

취 모 멱 자
吹毛覓疵 털을 헤쳐 가며 그 속의 흠집을 찾음. 남의
결점을 억지로 찾아내는 것을 뜻함.

취 적 비 취 어
取適非取魚 낚시질을 하는 참 뜻이 고기잡이에 있는
것이 아니고 세상 근심을 잊자는 뜻이니, 무
슨 일을 함에 있어 목적이 다른 데에 있음을
이르는 말.

취 중 진 정 발
醉中眞情發 사람이 술에 취하면 평상시에 품고 있던
생각을 털어놓음.

치 국 평 천 하
治國平天下 나라를 잘 다스리고 온 세상을 편안하
게 함.

치 인 설 몽
痴人說夢 어리석은 사람이 꿈 이야기를 한다는 뜻으
로, 대중없이 아무렇게나 지껄이는 것을 말
한다. 이 말이 처음에는 어리석은 사람에게
꿈 이야기를 해 주면 그것이 사실인 줄 알고
그대로 전한다는 뜻으로 쓰여졌었다.

칠 거 지 악
七去之惡 아내를 내쫓는 이유의 일곱 가지[불순구고
(不順舅姑), 무자(無子), 음행(淫行), 질투(嫉
妬), 악질(惡疾), 구설(口舌), 도절(盜竊)]. 여
성을 일방적으로 학대하던 옛날의 이야기다.

칠 수 팔 각
七手八脚 사람이 많아서 어수선하다는 말.

칠 신 탄 탄
漆身呑炭 복수를 위하여 몸을 괴롭힘을 이름. 춘추시
대에 예양(豫讓)이란 사람이 복수를 하기 위
해 자신을 위장하려고 몸에는 옷칠을 하고,
숯을 먹어 목소리가 나오지 않도록 했던 고
사에서 나온 말임.

칠 전 팔 기
七顚八起 일곱 번 넘어지고 여덟 번 일어남. 몇 번 실
패하여도 굽히지 않고 일어서서 분투함을 일
컫는 말.

침 불 안 석
寢不安席 근심 걱정이 많아서 편안히 자지 못함.

침 소 봉 대
針小棒大 작은 일을 크게 허풍 떨어 말함.

침 우 기 마
寢牛起馬 소는 눕는 것을, 말은 서 있는 것을 좋아한다
는 뜻. 사람마다 제각기 취미가 다르다는 말.

카

快刀亂麻
쾌 도 난 마
어지럽고 복잡한 일을 시원스럽게 처리함.

快差
쾌 차
병이 완전히 나음.

타

^{탁 상 공 론}
卓上空論 실현성이 없는 헛된 이론. 궤상공론.

^{탐 관 오 리}
貪官汚吏 탐욕이 많고 행실이 깨끗하지 못한 관리.

^{태 산 명 동 서 일 필}
泰山鳴動鼠一匹 태산이 크게 울며 움직여서 알아
보니 쥐 한 마리 뿐이더라는 말. 무엇을 크게
떠벌리기만 하고 실제의 결과는 보잘것없다
는 뜻.

^{태 산 북 두}
泰山北斗 높은 태산과 북두칠성처럼 세상에서 가장 존
경을 받는 사람을 비유.

다른 산에서 나온 나쁜 돌이지만 옥을 갈 수 있다는 뜻으로,
자기만 못한 다른 사람의 행동에도 보고 배울 것이 있다는
말이다.

타 산 지 석
他山之石　다른 산의 돌이지만

가 이 공 옥
可以攻玉　구슬을 갈 수가 있다

즉 이것은 다른 산의 돌은 옥돌은 아니지만 그래도 옥돌을 연마하는 데는 쓸모가 있다는 말이다. 시경(詩經)에 나오는 말이다.

태 연 자 약
泰然自若　마음에 무슨 충동을 받아도 움직임이 없이 천연스러움.

토 각 귀 모
兎角龜毛　토끼의 뿔과 거북의 털이란 뜻으로 세상에 없는 것을 비유한 말.

토 사 호 비
兎死狐悲　남의 처지를 보고 똑같은 자기 처지를 생각하여 동료의 슬픔을 서러워한다는 뜻.

퇴 고
推敲　시문(詩文)을 지을 때 자구(字句)을 여러 번 생각하여 고치는 일. 글을 다듬고 고친다는 뜻이다. '推'는 가린다고 할 때는 '추'로 읽고 민다고 할 때는 '퇴'로 읽는다.

당(唐) 나라 때의 시인 가도(賈島)는 한때 중

이 되기도 했었다. 그가 장안(長安)으로 과거를 보러 갈 때이다. 문득 시상이 떠올라 다음과 같이 지었다.

조 숙 지 변 수
鳥宿池邊樹 새는 연못가 나무에서 자고

승 고 월 하 문
僧敲月下門 스님은 달 아래 문을 두드린다

이 시에서 고(敲)보다 퇴(推)라고 하는 것이 어떨까 하고 나귀를 탄 채 두 글자를 놓고 고민하고 있다가 경조군(京兆君) 벼슬에 있는 한유(韓愈)의 행차와 마주치게 되었다. 행차를 방해한 혐의로 한유 앞에 끌려온 그는 사실대로 이야기를 했다.

한유는 한참 동안 그 시를 읊어 보다가 '퇴'보다는 '고'가 좋겠다고 말하고는 가도와 함께 행차를 계속했다. 이때부터 두 사람은 문학적인 친구가 되었으며, 글을 다듬는 것을 퇴고(推敲)라고 하게 되었다.

투 필 종 융
投筆從戎 시대가 필요로 할 때에는 문필을 버리고 군인이 되어 나라를 지킨다는 말.

파 과 지 년
破瓜之年

글자대로는 참외를 깨는 나이라는 뜻이다. 여자의 나이 16세를 말하며, 남자의 나이 64세를 가리키기도 한다.

과(瓜)라는 글자를 해자(解字)해 보면 팔(八) 자가 둘이 된다. 그래서 여자를 참외에 비유하고 또 그것을 깨면 여덟이 둘이 되므로, 여자의 나이 열여섯을 가리키게 된다. 여자의 초조(初潮)가 시작되는 나이라는 의미이다.

또한 남자의 나이 예순넷을 가리켜 파과(破瓜)라고 하는 것은 여덟을 서로 곱하면 예순넷이 되기 때문이다. 송(宋) 나라 축목(祝穆)이 지은 사문유취(事文類聚)라는 책에 나오는 시에서 유래된 말이다.

파 란 곡 절
波瀾曲折

생활 또는 일의 진행에서 일어나는 많은 곤란과 변화.

파렴치한
破廉恥漢 수치를 수치로 알지 아니하는 사람. 부끄러움을 모르는 사람.

파안대소
破顏大笑 얼굴을 활짝 펴고 크게 웃음.

파죽지세
破竹之勢 세력이 강하여 거침없이 쳐들어가는 기세.

팔년병화
八年兵火 승패가 오래 결정되지 아니함을 일컫는 말. 한(漢)의 유방과 초(楚)의 항우의 싸움이 8년 걸렸다는 데서 나온 말.

팔등신
八等身 얼굴이 키의 1/8쯤 되는 균형이 잡힌 사람. 미인의 표준으로 삼음.

팔방미인
八方美人 여러 방면의 일에 능통한 사람. 어느 모로 보나 흠이 없이 아름다운 사람.

팔불취
八不取 아무 짝에도 쓸모 없는 어리석은 사람. 팔불출(八不出).

패가망신
敗家亡身 가산을 없애고 몸을 망침.

평 지 풍 파
平地風波
뜻밖에 분쟁이 일어남을 비유. 까닭없이 일을 시끄럽게 만드는 것을 말 함.

포 복 절 도
抱腹絶倒
매우 우스워서 배를 잡고 몸을 가누지 못할 만큼의 웃음을 말함.

패 군 지 장
敗 軍 之 將
멸망할 패　군사 군　의 지　장차 장

싸움에 패한 장수. 싸움에 진 장수는 변명할 자격이 없다는 말.

꼬리
내려

이 말은 사기(史記) 회음후열전(淮陰侯列傳)에 있는 이좌거(李
左車)가 말한 데서 유래된 말이다. 한신(韓信)이 조나라를 쳐
서 이긴 뒤 조나라의 뛰어난 모사였던 이좌거를 스승으로 모
시고 앞으로 취해야 할 전략에 관해 물었을 때 이를 사양하며
한 말이다.

敗軍之將 不可以言勇
패 군 지 장　불 가 이 언 용

"싸움에서 패한 장수는 용맹을 말해서는 안
되며, 나라를 망친 대신은 나라를 보존하는
일을 꾀해서는 안된다고 들었습니다. 나는
싸움에서 패하고 나라를 망하게 한 사람인데
어떻게 나 같은 사람이 큰 일을 꾀할 수 있겠
습니까."
그러나 결국 이좌거는 한신에게 훌륭한 전략
을 일러 주게 된다.

暴殄天物
포 진 천 물
물건을 함부로 쓰고도 아까운 줄을 모르는 일.

暴虎馮河
폭 호 빙 하
맨손으로 범을 잡고 배 없이 강을 건넌다는
말로 무모하고 쓸데없이 만용을 부리는 사람
을 일컫는다.

豹死留皮人死留名
표 사 유 피 인 사 유 명
범은 죽어서 가죽을 남기고
사람은 죽어서 이름을 남긴다는 말.

風樹之嘆
풍 수 지 탄
효도를 다하지 못한 채 어버이를 여읜 자식
의 슬픔. 나무는 고요하고자 하나 바람이 멎

지 않고, 자식은 효도하고자 하나 어버이는
이미 세상을 떠났다는 말에서 유래.

풍 전 등 화
風前燈火 사물이 오래 견디지 못하고 매우 위급한 자
리에 놓여 있음을 일컫는 말. 바람 앞에 켠
등불이란 뜻.

피 골 상 접
皮骨相接 살가죽과 뼈가 맞붙을 정도로 몸이 몹시 말
랐음을 일컫는 말.

피 해 망 상
被害妄想 남이 자기에게 해를 입힌다고 생각하는 일.
정신분열이나 조울병의 억울 상태에 있는 환
자에게 자주 보임.

필 부 지 용
匹夫之勇 소인의 깊은 생각 없이 혈기에서 나오는 경
솔한 용기.

필 부 필 부
匹夫匹婦 평범한 남녀.

필 유 곡 절
必有曲折 반드시 무슨 까닭이 있음.

故事成語

下石上臺 하 석 상 대
아랫돌을 빼서 윗돌을 괸다는 뜻으로 임시변통으로 이리저리 둘러맞춤을 이르는 말.

鶴立鷄群 학 립 계 군
학이 닭의 무리 속에 섰다는 말이니 눈에 띄게 훌륭함을 비유한 말.

鶴首苦待 학 수 고 대
학의 목처럼 길게 늘여 몹시 기다림을 일컫는 말.

邯鄲之夢 한 단 지 몽
사람의 일생이란 꿈같이 허무하다는 말.

邯鄲之步 한 단 지 보
조(趙) 나라의 한단이라는 사람이 보행을 잘한다는 소문을 들은 연(燕) 나라의 한 청년이 한단에게 가서 걷는 방법을 배웠는데, 배우지를 못했을 뿐만 아니라 자신의 원래 걸음걸이까지도 잊어버리고 기어서 돌아왔다는 고사에서 유래한 말로, 자기의 본분을 잊고 함부로 남의 흉내를 내서는 안된다는 뜻.

閑談屑話
한 담 설 화
심심풀이로 하는 쓸데없는 말. 한가하여 쓸데없이 지껄이는 잡담.

緘口無言
함 구 무 언
입을 다물고 말하지 않음.

咸興差使
함 흥 차 사
조선 태조가 선위(禪位)하고 함흥에 가서 은퇴하고 있을 때, 태종이 보낸 사신을 이 죽이거나, 혹은 가두어 돌려보내지 않은 고사에서 나온 말. 심부름을 가서 소식이 아주 없거나 회답이 더디 올 때에 쓰는 말.

項羽壯士
항 우 장 사
항우와 같은 장사라는 말로 힘이 아주 센 사람을 일컫는 말.

偕老同穴
해 로 동 혈
살아서는 함께 늙고, 죽어서는 같은 무덤에 묻힌다는 뜻. 생사를 같이 하는 부부의 맹세를 일컬음.

行尸走肉
행 시 주 육
살아있는 송장이요, 걸어다니는 고깃덩이. 곧 배운 것이 없어서 쓸모가 없는 사람을 일컫는 말.

행운유수
行雲流水 떠가는 구름과 흘러가는 물. 일의 진행이 막힘이 없거나, 마음씨가 시원하고 씩씩함을 비유하는 말.

향발부지
向發不知 어디가 어디인지 방향을 알지 못함. 아직 철들지 않음을 비유.

허송세월
虛送歲月 세월을 헛되게 보냄.

허심탄회
虛心坦懷 마음에 아무런 사념이 없이 솔직한 태도로 일에 임함.

허장성세
虛張聲勢 실속은 없으면서 헛소문과 허세만 떠벌림.

허허실실
虛虛實實 허실의 계책으로 싸우는 모양을 이르는 말.

혈기방장
血氣方壯 피와 기운이 한창 씩씩함.

혈혈단신
孑孑單身 의지할 곳 없는 홀몸.

兄友弟恭 _{형 우 제 공} 형은 아우를 사랑하고 아우는 형을 공경한다는 뜻으로 형제간에 우애가 깊게 지냄을 이르는 말.

虎尾難放 _{호 미 난 방} 범의 꼬리를 놓기도 어렵고 안 놓을 수도 없다는 뜻으로, 위험한 경지에서 이러지도 저러지도 못할 처지에 놓임을 이르는 말.

好事多魔 _{호 사 다 마} 좋은 일에는 흔히 탈이 끼여들기 쉬움을 이르는 말.

螢雪之功

반딧불 형 눈 설   의지   공공

반딧불과 눈빛으로 글을 읽어 성공했다는 뜻으로, 가난과 어려운 역경 속에서 학문을 닦음을 가리키는 말.

진(晋) 나라의 차윤(車胤)은 어릴 때부터 열심히 공부했다. 그러나 집안이 가난하여 밤에 책을 읽으려 해도 등잔불을 켤 기름을 살 돈이 없었다. 그래서 여름에는 비단 주머니에 반딧불을 잡아넣고 그 불빛으로 책을 읽어 성공해 상서랑(尚書郎)이라는 벼슬에까지 올랐다. 또 진(晋) 나라의 손강(孫康)도 역시 집안이 가난해서 기름을 살수가 없어 창가에 쌓인 흰 눈의 빛을 빌려서 글을 읽어 성공해 나중에 어사대부(御史大夫)의 벼슬에까지 올랐다.

호 시 탐 탐

虎視耽耽 범이 날카로운 눈초리로 먹이를 노린다는 뜻
으로 틈만 있으면 덮치려고 기회를 노리며
형세를 살핌을 비유하여 이르는 말.

호 형 호 제

呼兄呼弟 형이라고 부르고 아우라고 부른다는 뜻으
로 친형제처럼 가깝게 지내는 사이를 이르
는 말.

홍 일 점

紅一點 많은 남자들 속에 하나뿐인 여자를 일컫
는 말.

화 무 십 일 홍

花無十日紅 열흘 붉은 꽃이 없다는 뜻으로, 한 번 성
하면 반드시 쇠퇴할 날이 있음을 이르는 말.

화 서 지 몽

華胥之夢 중국의 황제가 낮잠을 자다가 꿈에 화서라는
나라의 선정(善政)을 보았다는 고사에서 유
래하며 낮잠 또는 좋은 꿈을 이르는 말.

화 중 지 병

畵中之餠 그림의 떡. 화병(畵餠).

화 촉 지 전

華燭之典 아름다운 촛불을 밝히는 의식이란 뜻. 결혼식.

畫虎不成反爲狗子 _{화 호 불 성 반 위 구 자} 범을 그리려다가 잘못하여 강아지를 그린다는 뜻. 서투른 솜씨로 남의 언행을 흉내내려 하거나, 어려운 일을 하려 하여도 되지 아니함을 비유하는 말.

換骨奪胎 _{환 골 탈 태} 딴 사람이 된 듯 용모가 변하여 전보다 아름답게 됨. 새롭게 태어남을 이름.

畫 龍 點 睛

그림 화   용 룡   점찍을 점   눈동자 정

용을 그리고 마지막으로 눈동자를 그려 넣는다는 뜻으로, 마지막으로 가장 중요한 부분을 완성시키는 것을 뜻한다.

장승요(張僧繇)는 양(梁) 나라 사람으로 당시 가장 뛰어난 화가의 한 사람으로 그의 그림에 대한 일화들이 많이 남아 있다. 수도인 금릉(金陵) 성 밖에 위치한 안락사(安樂寺)의 벽에 네 마리의 용을 그렸는데 눈동자를 그리지 않았다. 사람들이 그

까닭을 묻자 그는 눈동자를 그리면 그림 속의 용이 하늘로 날아 올라가 버리기 때문이라고 했다. 그러나 사람들이 그의 말을 도저히 믿을 수가 없다고 우기자 하는 수 없이 그는 용 한 마리에 눈동자를 그려 넣었다. 그러자 갑자기 벽 속에서 번갯불이 일고 요란스런 뇌성이 울리더니 용이 비늘을 번쩍이며 벽에서 튀어나와 하늘로 날아가 버렸다. 그러나 눈동자를 그리지 않은 세 마리의 용은 그대로 벽에 남아 있었다.

환 득 환 실
患得患失 얻기 전에는 얻지 못할까 걱정하고 얻은 후
에는 잃을까 걱정함.

황 당 무 계
荒唐無稽 말이나 행동이 터무니없고 허황함. 황탄무계
(荒誕無稽).

회 색 분 자
灰色分子 소속이나 주의, 노선 따위가 뚜렷하지 못한
사람.

회 자
膾炙 회와 구운 고기라는 뜻으로, 칭찬 받는 화제거
리로서 널리 사람의 입에 오르내림을 뜻한다.

후 안 무 치
厚顔無恥 뻔뻔스러워 부끄러운 줄을 모름. 후안(厚顔).

흥 망 성 쇠
興亡盛衰 흥하고 망하고 성하고 쇠함.

흥 진 비 래
興盡悲來 즐거운 일이 지나가면 슬픈 일이 온다는 뜻
으로, 세상일이 돌고 돌아 순환됨을 가리키
는 말.

희 희 낙 락
喜喜樂樂 매우 기뻐하고 즐거워함.

고사성어

1판 1쇄 인쇄 2017년 1월 10일
1판 1쇄 발행 2017년 1월 15일

엮은이 **허웅**
발행처 도서출판 **문장**
발행인 **이은숙**

등록번호 제2015.000023호
등록일 1977년 10월 24일

서울시 강북구 덕릉로 14(수유동)
대표전화 : 02-929-9495
팩시밀리 : 02-929-9496

ISBN 978-89-7507-069 03700

故事成語

故事成語

故事成語

故事成語